Programmer sur Makeblock 5

ROBOT mBOT1 sur Mblock 5

Programmer sur Makeblock 5

Par Slimane AIT SLIMANE

© 2023, Slimane Ait Slimane
Édition : BoD – Books on Demand, info@bod.fr
Impression : BoD – Books on Demand, In de Tarpen 42,
Norderstedt (Allemagne)
Impression à la demande
ISBN : 978-2-3220-1187-2
Dépôt légal: Mai 2023

Avant propos :

Je dédie ce modeste ouvrage aux pédagogues qui apportent de la pensée à la pratique pédagogique ; Philippe Meirieu, Dominique Rollin, André CANVEL, André Géordin, Serge Boimare, Dominique Guerin, …

Ce livre sera utile sous des formes diverses, entre autres la programmation de chaque bloc du logiciel mblock et de chacun des composants branché ou intégré dans la carte du robot mBot 1.

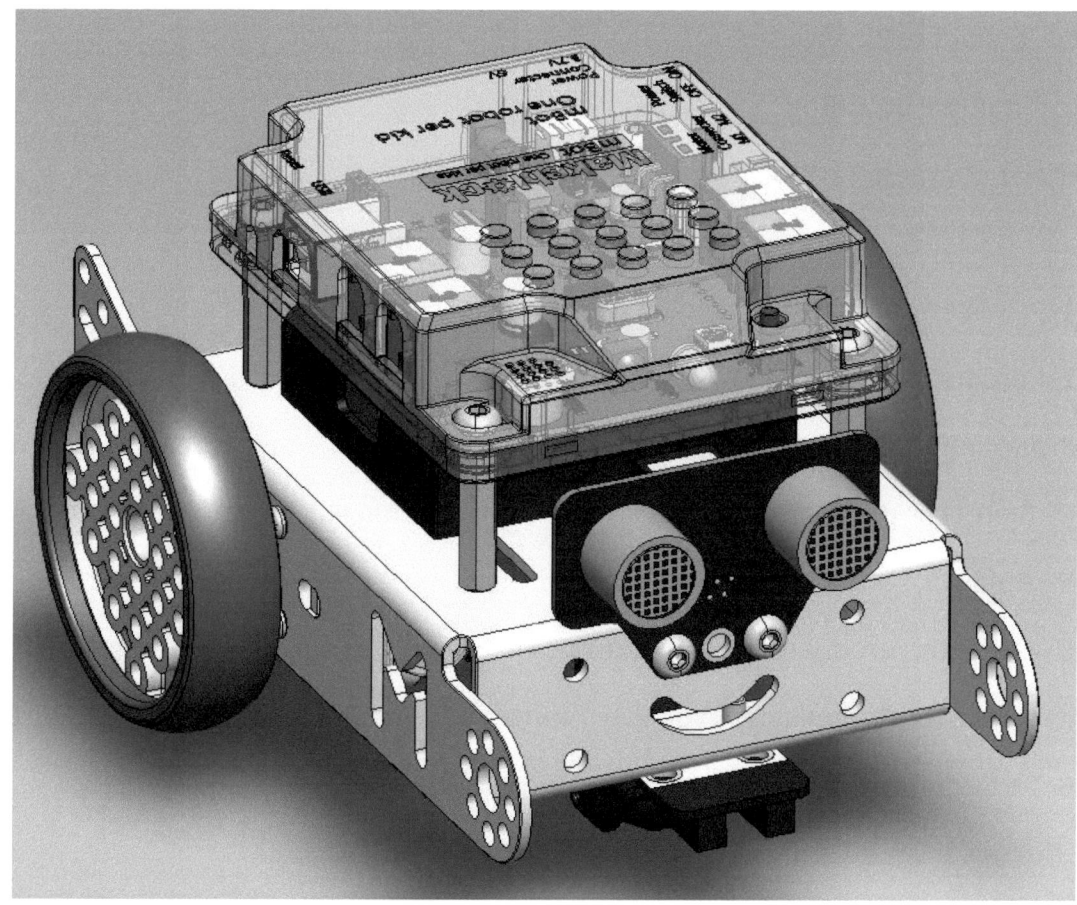

Activités avec le robot mBot

Présentation du mBot 1

Processus d'assemblage 9

Connexion des câbles 10

Carte mCore 11

Composition générale 11

Caractéristiques techniques 12

Le logiciel mBlock 13

Connexion du mBot 17

Instructions de mBlock 5 dédiées au mBot 1 20

Programmation sur Mblock 5

1- Avancer 30

2- Parcourir un carré 31

3- parcourir un cercle 32

4- Détecter un obstacle et s'arrêter 34

5- Ralentir 35

6- Détecter un obstacle, s'arrêter, effectuer un quart de tour et repartir 36

7- Jouer de la musique avec les mains 37

8- Déclencher une action sur la carte mCore 38

9- Utiliser le Joystick 39

10- Afficher un message sur la matrice 8x16 40

11- Suivre une ligne noire (1ère solution) 41

12- Suivre une ligne noire (2ème solution) 42

13 : Déplacer le mBot sur une piste (3ème solution) 43

14- Réaliser un sonomètre 45

15- Signaler un obstacle 46

16- Déplacer un robot dans un labyrinthe 47

17- Déplacer le mBot dans un labyrinthe (2ème solution) 48

18- Afficheur à 7 segments : La distance 49

19- Afficheur à 7 segments : Luminosité 50

20- Afficheur à 7 segments : Température 50

21- Afficheur à 7 segments : Volume sonore 51

22- Accélérer les moteurs 52

23- Effectuer un tirage au sort 53

24- Afficher le taux d'humidité d'une plante 54

25- Arroser une plante en fonction de son taux d'humidité 54

26- Monter une pente 55

27- Manette de commande d'un robot : Joystick pour avancer 56

28- Joystick LED 57

29- Ruban à LED 58

30- Boussole LED 59

31- Accéléromètre et capteur gyroscopique à 3 axes 60

32- Potentiomètre ventilateur 61

33- Potentiomètre LED 61

34- Détecteur de mouvement 63

35- Capteur tactile 63

36- Sonomètre à couleurs 64

37- Servomoteur 65

38- Capteur de lumière 66

39- Affichage direct sur le bloc 67

40- Utilisation des LED à la place d'un affichage 67

41- Pare choc : micro rupteurs 68

Présentation du mBot 1 :

Le robot mBot est livré en kit et se monte sans difficulté grâce à une notice de montage assez claire.

Il possède un châssis métallique, des moteurs en axes métalliques et une carte de pilotage mCore. De nombreuses fonctionnalités sont disponibles dans cette version de base : Wifi et Bluetooth, capteurs à ultrasons et capteur de lumière. Il est possible de programmer en blocs graphique mais aussi en Python.

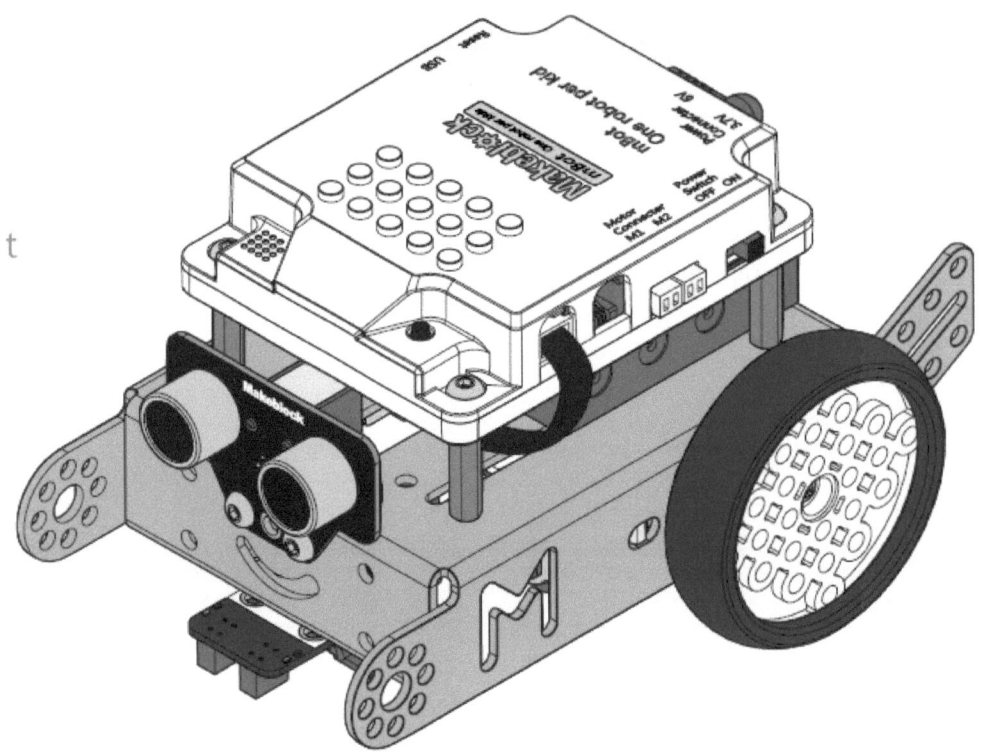

Processus d'assemblage

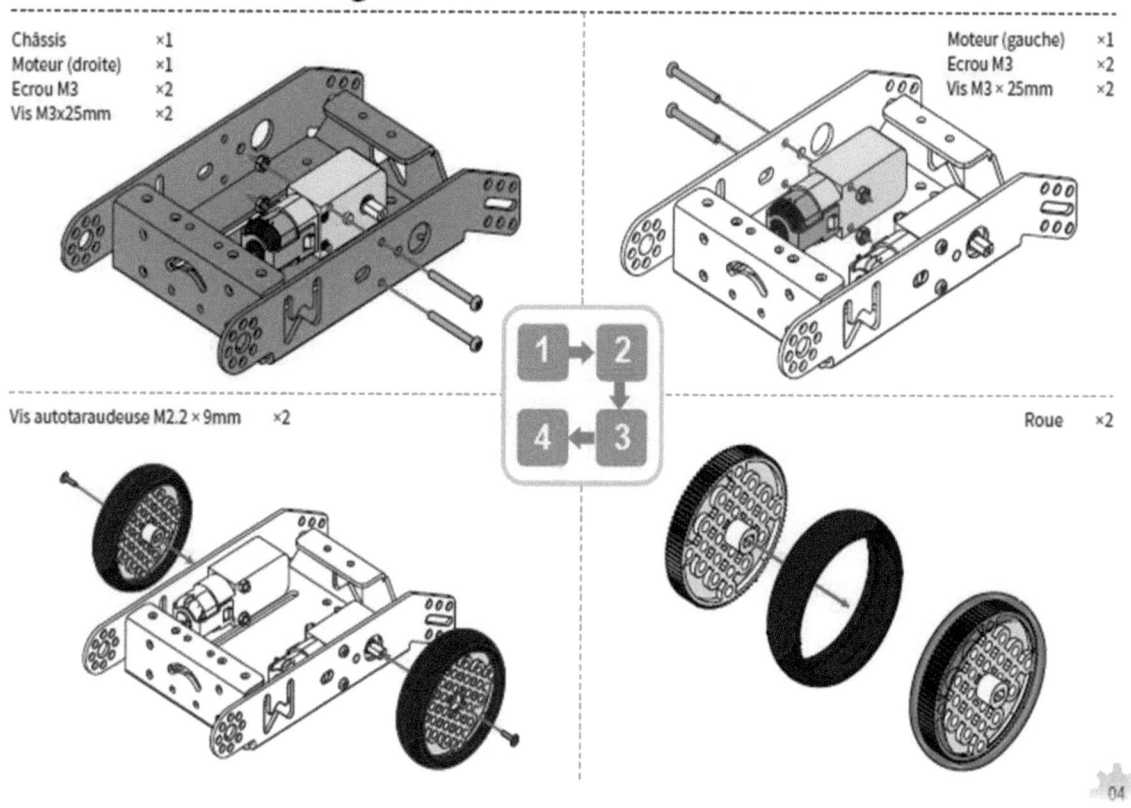

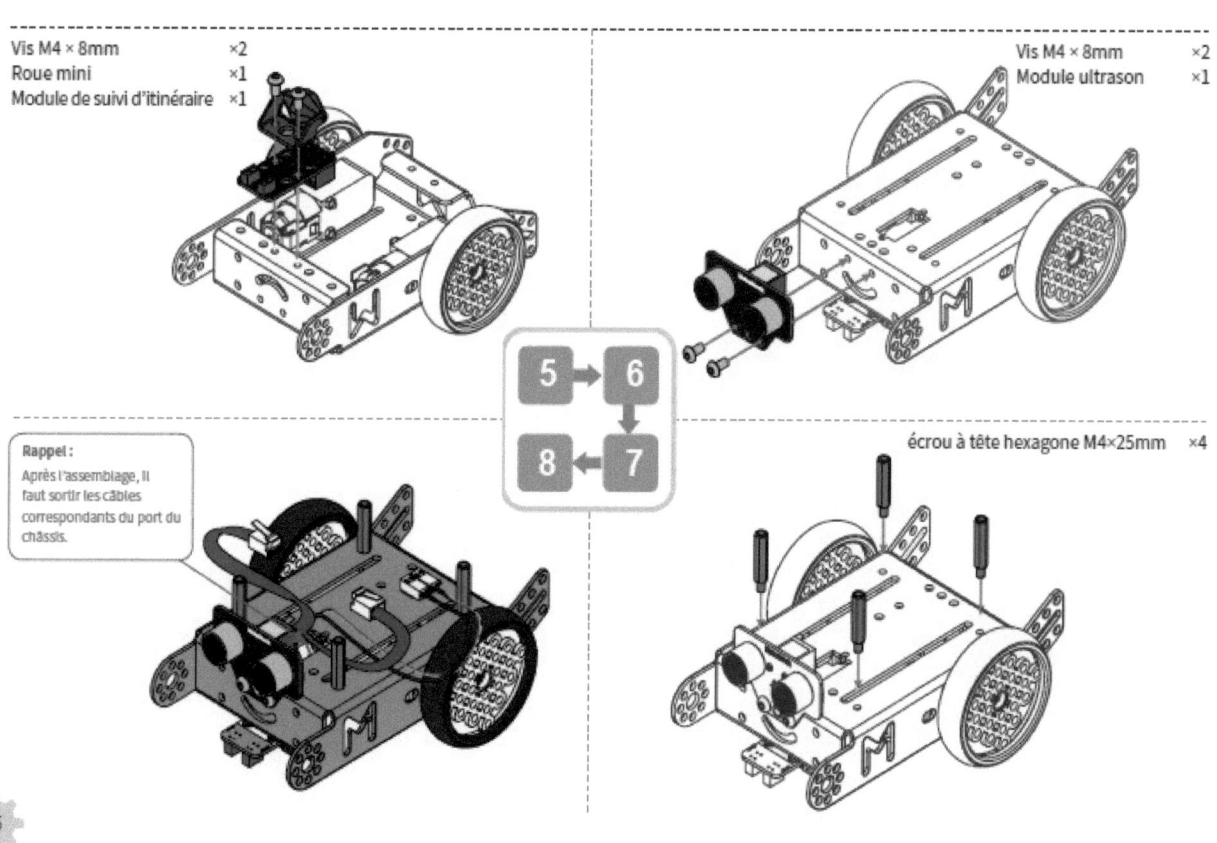

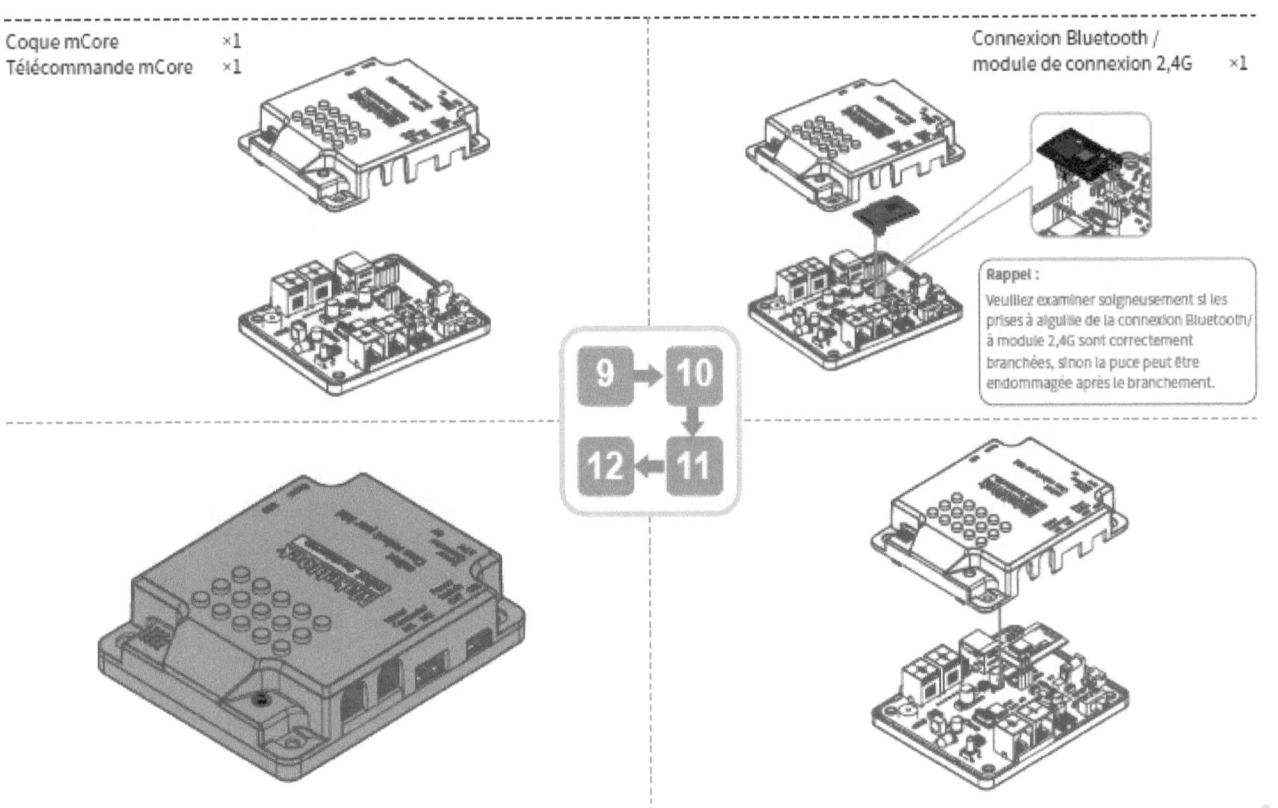

Connexion des câbles

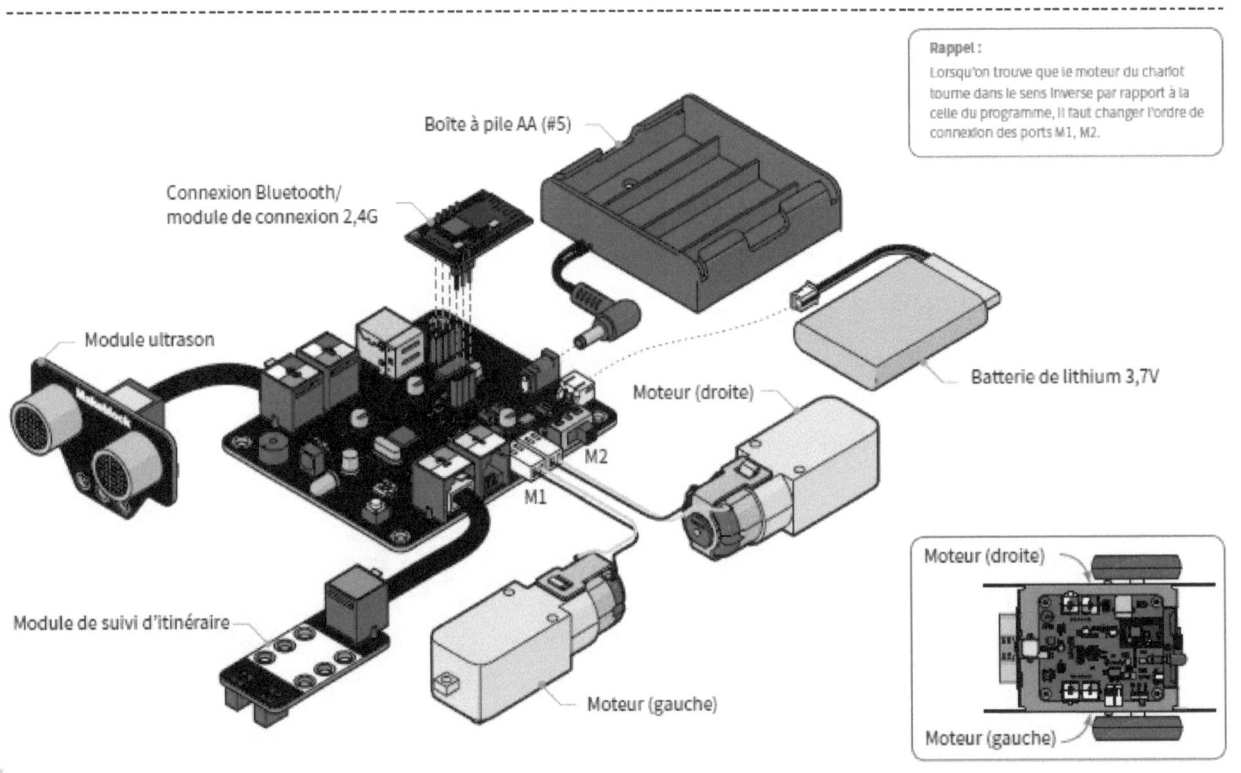

Carte mCore :

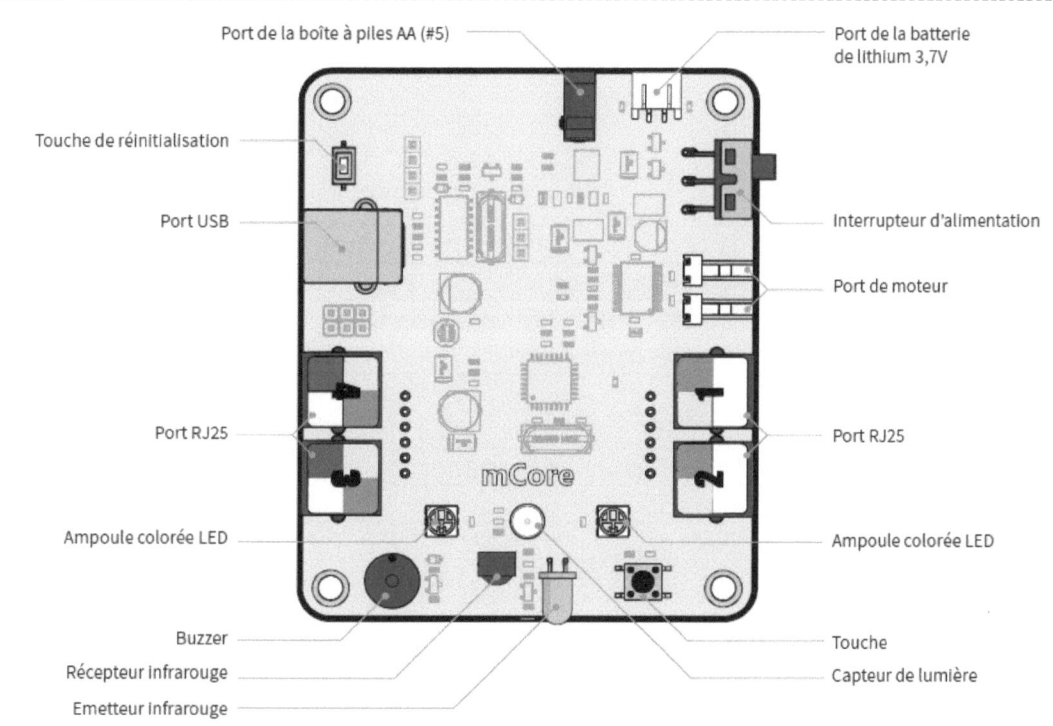

Composition générale :

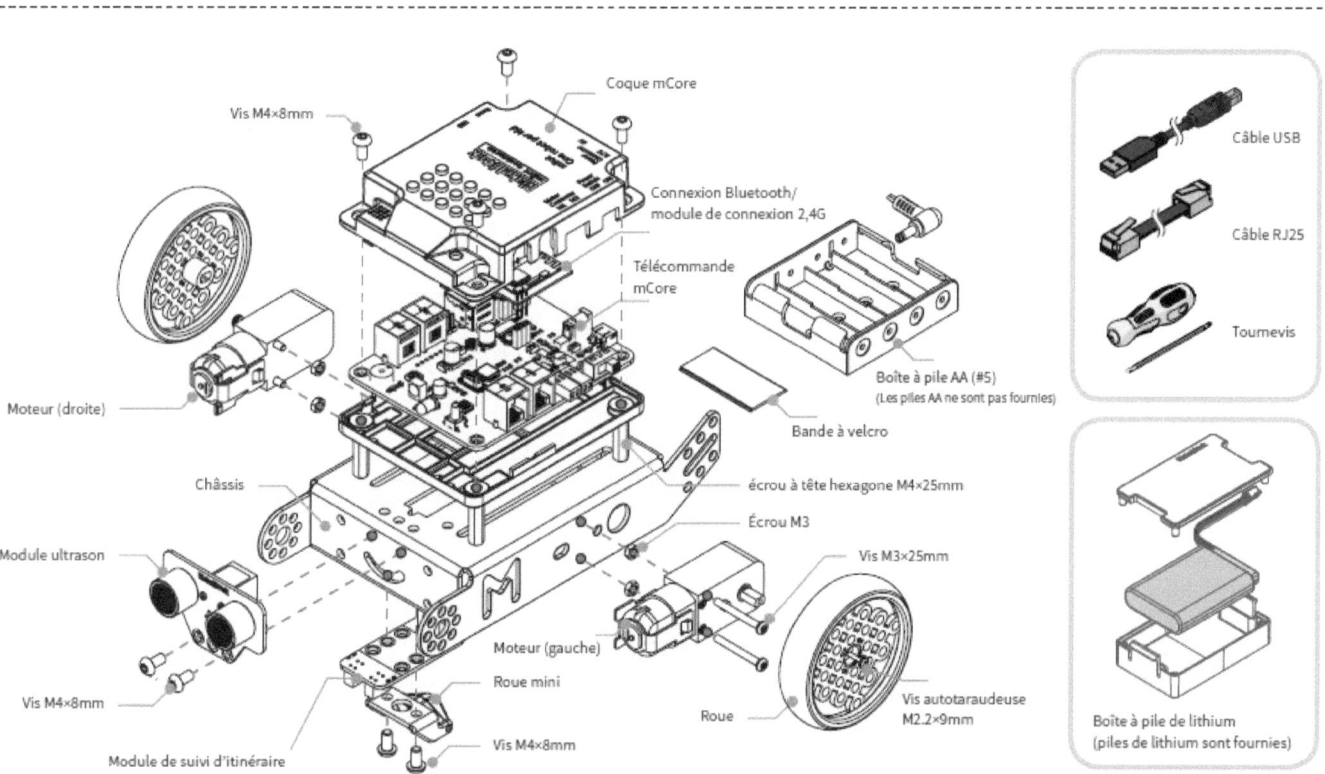

Caractéristiques techniques :

Composants	Disponibilité
Processeur	Mcore (Arduino uno)
Batterie	1800 mAh
Moteurs	2
Vitesse de rotation des moteurs	0 à 120 tr/min
Couple moteur	672 g/cm
Ports servomoteur	0 (adaptateur fourni en mallette)
Ports accessoires (RJ25)	4 dont 2 pris
Ports pour module Arduino	2 (les ports servomoteurs)
Rotation	Angle imprécis
Ecran couleur	Non
DEL	2 RGB
Bande DEL	Non (fourni en mallette)
Matériau de l'arbre de sortie	Plastique
Programmation en python	Non
Wi-fi	En option (fourni dans le kit mbot)
Bluetooth	En option (fourni dans le kit mbot)
Capteur à ultrasons	Intégré
Suivi de ligne	2 phototransistors
Capteur de couleur	0
Buzzer	1
Haut parleur	0
Micro phone	0
Joystick	0 (fourni en mallette)
Boutons	1
Capteur de lumière	1
Connexion LAN	Non
Gyroscope	Fourni en mallette
Accéléromètre	Non

Le logiciel mBlock 5 :

Installation :

Pour pouvoir utiliser le robot mBot, il faut d'abord télécharger le logiciel mBlock 3 ou 5, un logiciel basé sur l'environnement de programmation scratch, très fréquent dans les classes de primaire et de collège. Comparé à scratch 2, mBlock comporte des instructions supplémentaires spécifiques au pilotage d'un robot, et son avatar est un panda.

Le logiciel mBlock 5 est également utilisable en ligne, de préférence avec le navigateur chrome. Il faudra installer la version web de mBlock 5 ainsi que le pilote mLink.

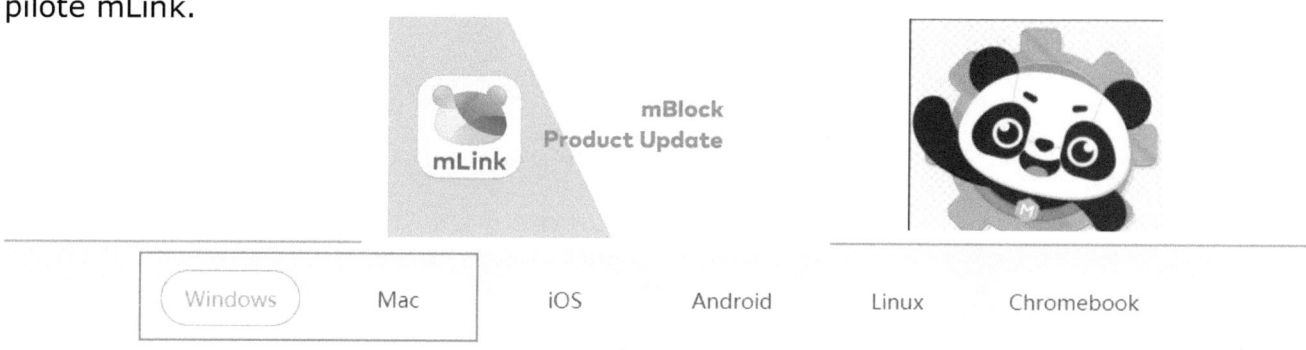

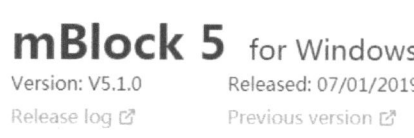

Aller sur le lien de téléchargement du logiciel mBlock 5 (https://mblock.makeblock.com/en-us/download/),

Sélectionner la version qui vous intéresse (Windows, Mac, Androïd, etc.) et télécharger le fichier d'installation en cliquant sur le bouton Download. Une fois le fichier téléchargé, double cliquer dessus pour installer mBlock 5. Le logiciel est paramétré par défaut en anglais mais vous pouvez changer de langue en cliquant sur l'icône représentant une mappmonde

L'interface de mBlock 5 est constituée de cinq zones :

- La zone 1 qui permet de programmer à l'écran les actions du « panda » ;
- La zone 2 qui contient toutes les instructions de programmation classées par des menus de couleur ;
- La zone 3 dans laquelle vous ferez glisser des instructions pour former un programme ;
- La zone 4 qui permet de configurer le mBot 2 ;
- La zone 5 permet d'ajouter des extensions de programmation.

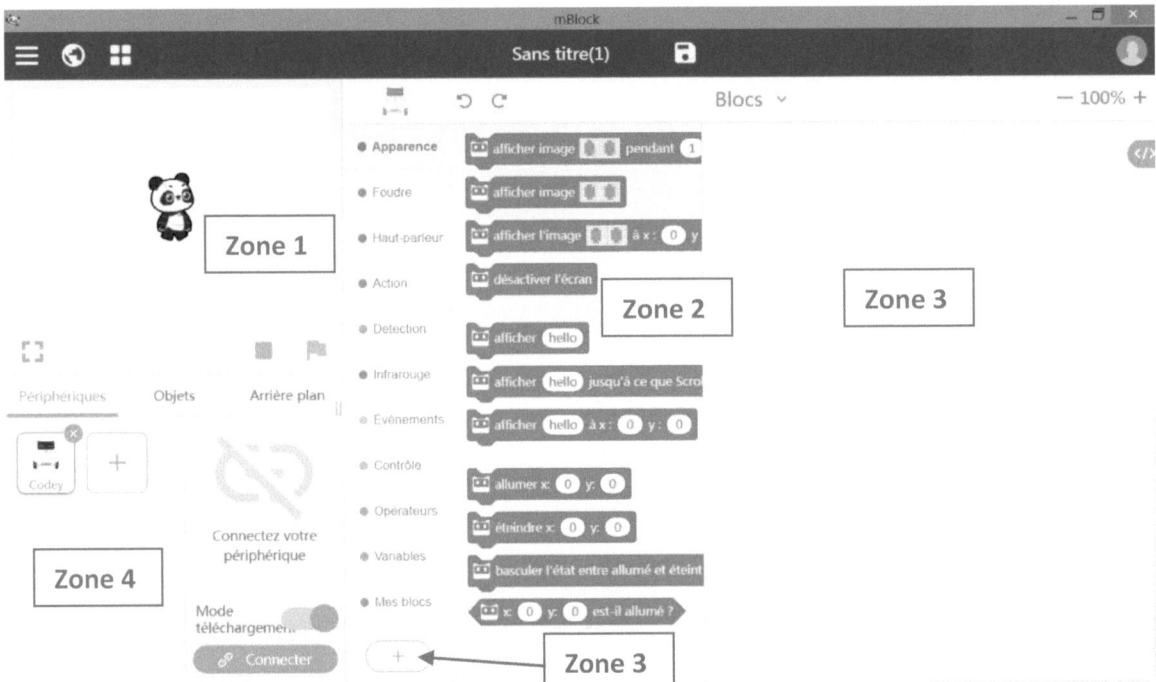

Pour écrire un programme, il faut aller dans la zone 2, cliquer sur les onglets des différentes palettes (opérateurs, Contrôle, etc.) pour sélectionner les instructions souhaitées, et faire glisser ces dernières avec la souris dans la zone 3. En emboîtant les instructions les unes dans les autres, cela permettra de former un programme complet.

La barre de menu supérieure de mBlock 5 permet d'accéder à différentes fonctionnalités :

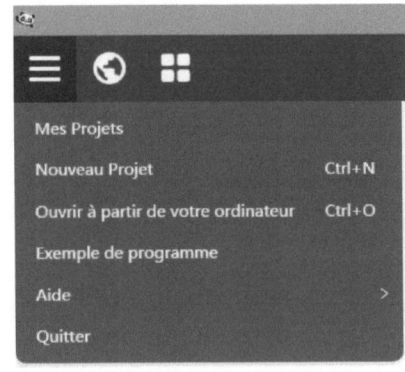
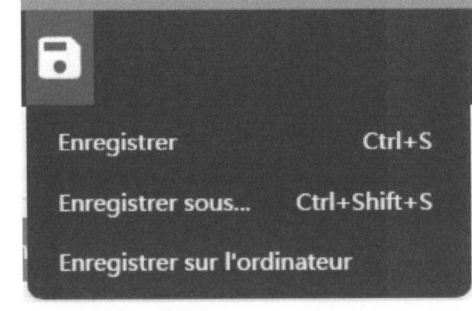

1 : Pour vous rendre sur la plate-forme web de Makeblock

2 : Pour changer la langue de l'interface

3 : Pour ouvrir ou enregistrer les programmes en ligne (si vous êtes inscrits) ou sur votre ordinateur.

4 : Pour nommer les programmes.

Par ailleurs, il faut choisir l'appareil qu'on souhaite utiliser. Ici, ce sera le « mBot », mais on peut opter pour plusieurs dizaines d'autres robots et systèmes programmables (micro : bit, Halocode Arduino, etc.). Pour cela, cliquer sur le bouton Ajouter situé en zone 4 (voir figure page 13), puis sur l'appareil désiré (ou sur le bouton + situé à coté, puis sur l'appareil). A noter qu'il est possible de sélectionner plusieurs appareils.

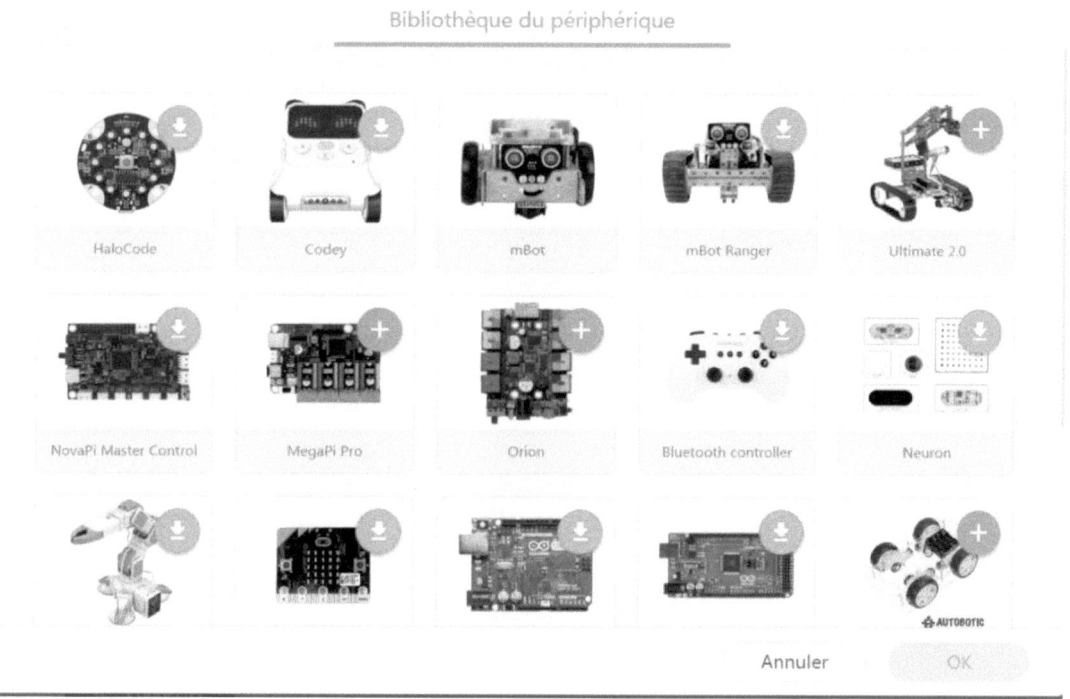

Une fois le robot mBot choisi, ces boutons apparaissent en bas de la zone 4 ;

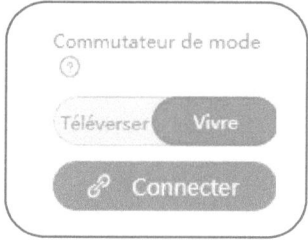

Ajouter l'extension pour le mBot2 :

Le mbot2 se pilotant avec la carte mCore, il est nécessaire donc ajouter son extension « extension mBot » pour un grand nombre d'activité. Pour ce faire, cliquer sur le bouton Extension situé en zone 5 : une fenêtre apparaît, proposant des dizaines d'extensions.

Centre d'extension

Diffusion en mode Téléversement

En cette extension, vous permettez à un appareil d'interagir avec un Objet en mode Téléversement.

+ Ajouter

Son et lumière

Donnez à votre mbot des effets de sons et lumières en construisant le Robot chasseur de lumière, le robot Scorpion et la lampe intelligente.

+ Ajouter

Pack servo

Transformez votre mbot en chat. Faites-le danser, regarder autour de lui et s'illuminer.

+ Ajouter

Cliquer sur le bouton « Ajouter » pour sélectionner chacune des extensions souhaitées, Son et lumière, pack servo, Gadgets de détection...etc.

Les extensions restent associées au programme créé et disparaissent en cas de nouveau programme. Pour supprimer une extension, il suffit de retourner dans la fenêtre des extensions, repérer l'extension à supprimer et de cliquer sur son bouton « supprimer ».

La palette « Plate forme maker » englobe toutes les précédentes. Il est recommandée de l'ajouter des le début pour couvrir la plupart des activités de mBot 1.

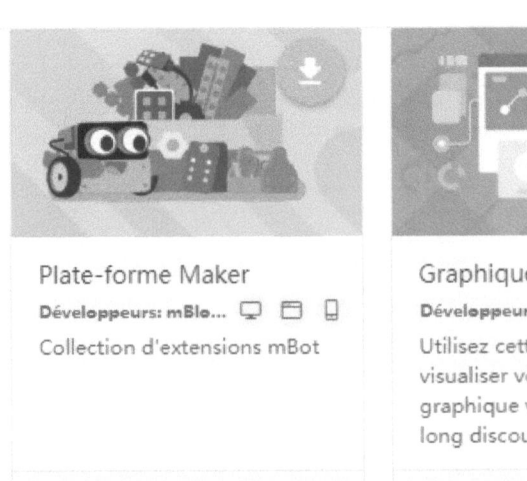

Connexion du mBot :

On peut piloter le mBot de trois façons différentes :

- A l'aide d'un câble USB ;
- En Bluetooth
- En Wi-Fi 2,4 GHz.

Connexion en câble USB :

Cliquer en bas sur le bouton « Connecter » : une fenêtre s'ouvre, comportant deux onglets.

Par défaut, l'onglet USB est activé, cliquer sur Connecter. mBlock 5 propose un port USB de son choix, il n y a rien à modifier.

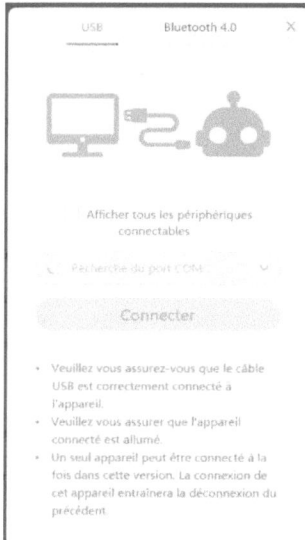 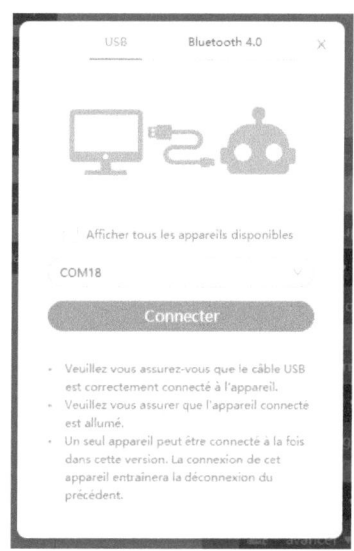

L'affichage du commutateur de mode change,

faisant apparaître deux nouvelles fonctions.

Pour enregistrer un programme dans la mémoire de mBot, il faut ensuite cliquer sur le bouton « téléverser ». A noter que ce téléversement peut sembler parfois plus long qu'avec mBlock 3. Une fois le téléversement effectué, le programme s'exécute et le robot réalise les actions prévues

Connexion en Blutooth

Pour connecter le mBot en bluetooth, sélectionner l'onglet bluetooth de la fenêtre du bouton Connecter.

On peut programmer le robot à partir d'une tablette ou d'un Smartphone sous Androïd, mais également avec le dongle bluetooth qui permet de piloter en direct le robot sans télécharger le programme.

L'avantage du dongle est qu'il est directement appairé au robot (grâce à un bouton). De plus, comme il s'agit d'une liaison « propriétaire », celle-ci n'est pas perturbée par les autres appareils générateurs de signaux.

Dongle mBot USB

Connexion en wifi

On peut piloter le mbot avec le Wi-fi de la box internet, ou du Smartphone en mode point d'accès mobile. Il n y a pas de pilote à installer.

Différence entre les modes « En direct » et « Téléverser » :

Le mode « En direct » pilote le mBot avec l'ordinateur, tandis que le téléversement rend le robot autonome.

Le mode « en direct » s'utilise avec le clavier ou avec Bluetooth, tandis que le mode « Téléverser » s'utilise avec le câble USB.

Mode	Avantages	Inconvénients
« En direct »	<ul><li>Pas de téléversement d'où un gain de temps</li><li>Affichage des données en direct sur la scène</li><li>Pilotage sans fil</li></ul>	<ul><li>La communication du programme vers le mbot n'est pas très rapide et peut poser parfois des problèmes de réaction du robot.</li><li>Le programme n'est pas implanté dans le mBot, qui n'est donc pas autonome.</li><li>Certaines extensions ne sont pas prises en charge.</li></ul>
« Téléverser »	<ul><li>Le mBot est autonome</li><li>Il exécute parfaitement et rapidement les programmes</li><li>Il accepte toutes les extensions</li></ul>	<ul><li>Le téléversement peut prendre jusqu'à 30 secondes</li><li>L'affichage des données sur la scène est plus lent qu'en mode « En direct ».</li></ul>

Instructions de mBlock 5 dédiées au mBot 1 :

Les instructions sont regroupées dans des palettes de différentes couleurs.

Apparence : Cette palette permet d'afficher des messages abrégés en 3 caractères, des figures sur le panneau LED, et sur l'écran digital.

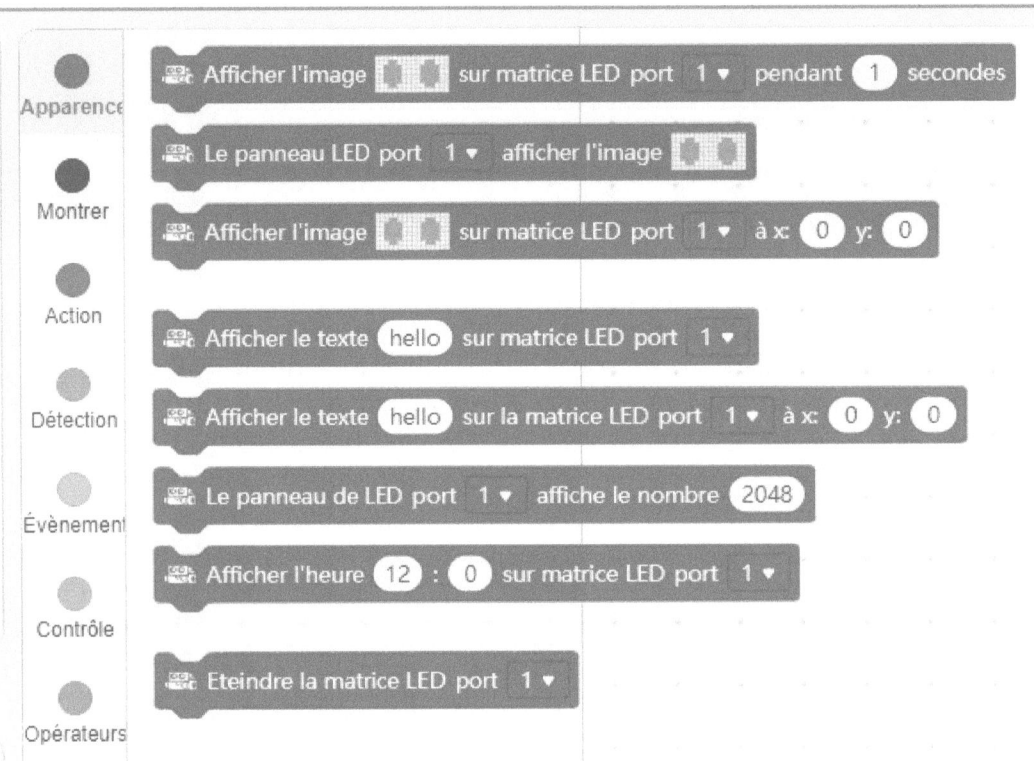

En cliquant avec le bouton droit de la souris sur une instruction, vous faites apparaitre une aide contextuelle.

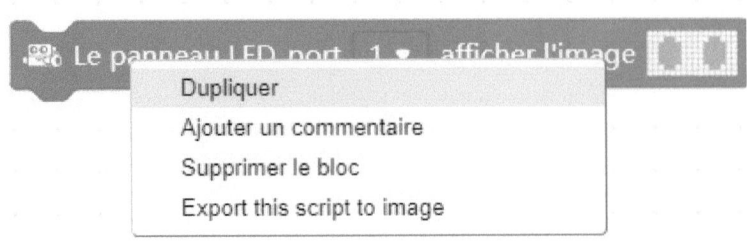

Montrer : Cette palette permet d'afficher de la lumière et gérer les couleurs. Elle permet également de choisir des notes sonores.

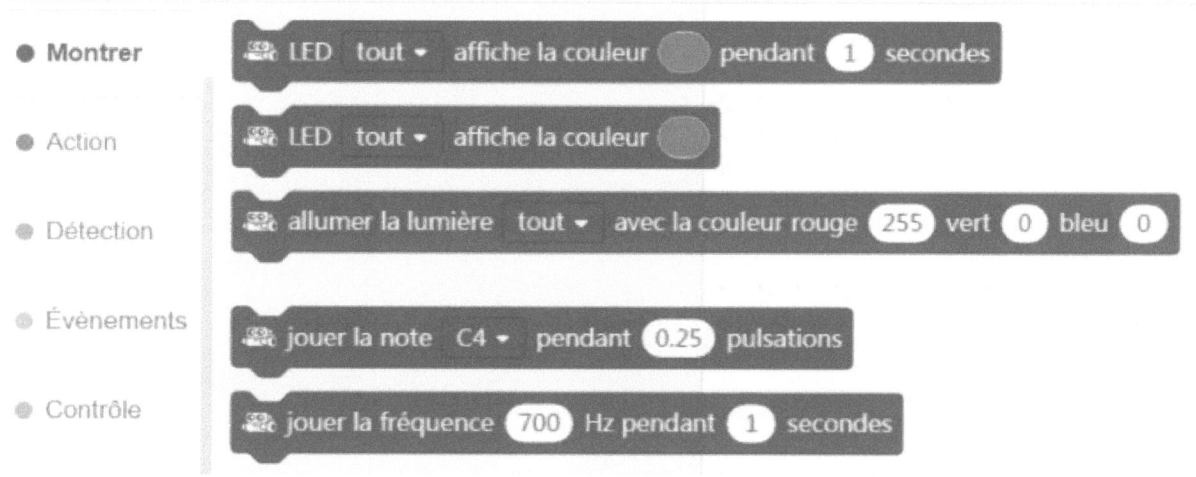

Action : Cette palette contient toutes les instructions permettant de gérer les déplacements du robot.

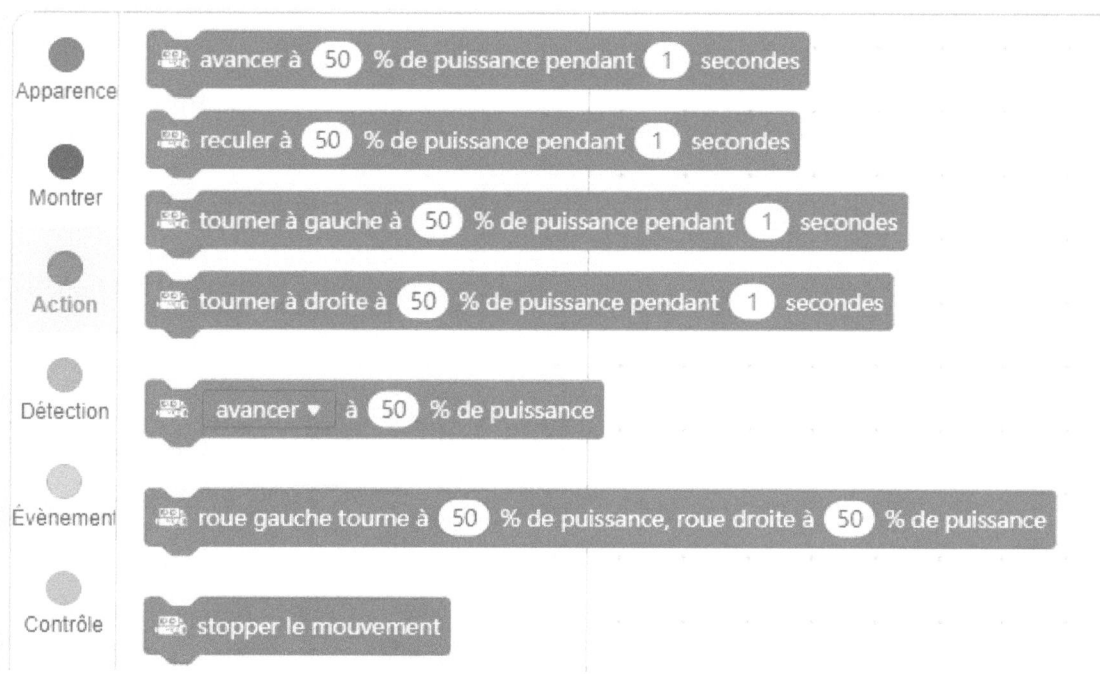

Détection : Cette palette permet, entre autres, d'utiliser le bouton de la carte mCore, les capteurs ; de lumière, à ultrason, de suivi de ligne, embarqués ou en option et la télécommande.

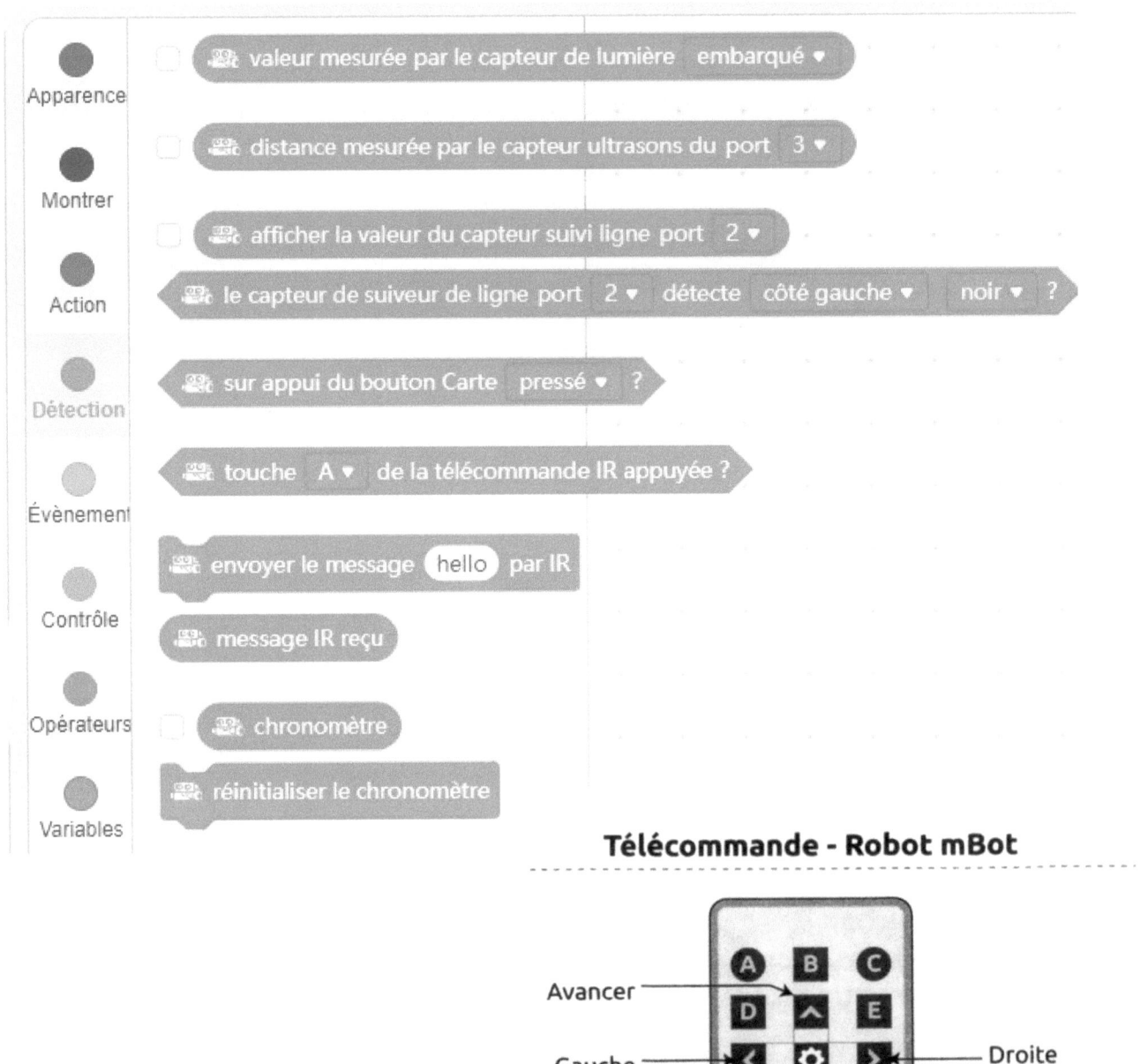

Evènements : Cette palette permet l'exécution des programmes par le mBot en mode « En direct » ou « Téléverser ».

Contrôle : Cette palette contient les instructions permettant de repérer les opérations et tester des conditions, ainsi que l'instruction de temporisation

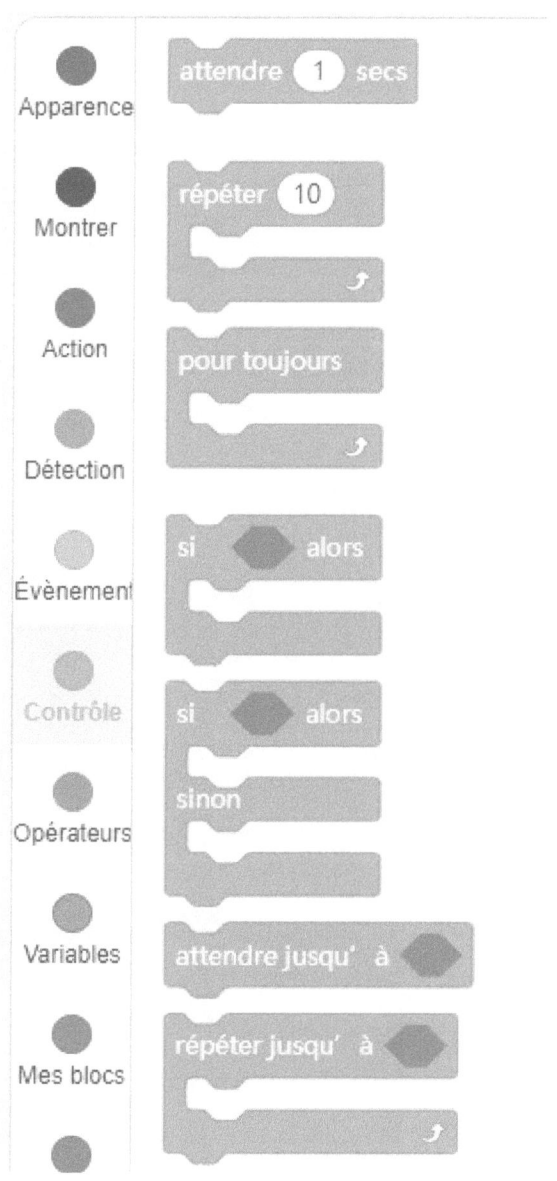

Opérateurs : Cette palette contient tous les opérateurs permettant d'effectuer des opérations mathématiques ou de comparaison, des liaisons logiques et de produire un nombre aléatoire.

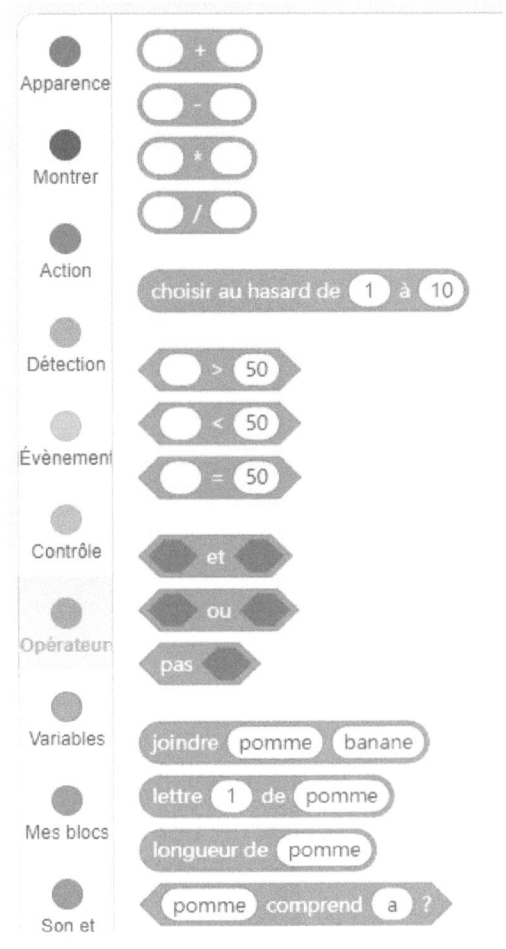

Variables : Cette palette permet de créer des variables et des compteurs.

Nommer la variable, ex : vitesse

Mes blocs : Cette palette permet de créer des blocs de fonctions pour des programmes complexes comportant des tâches répétitives.

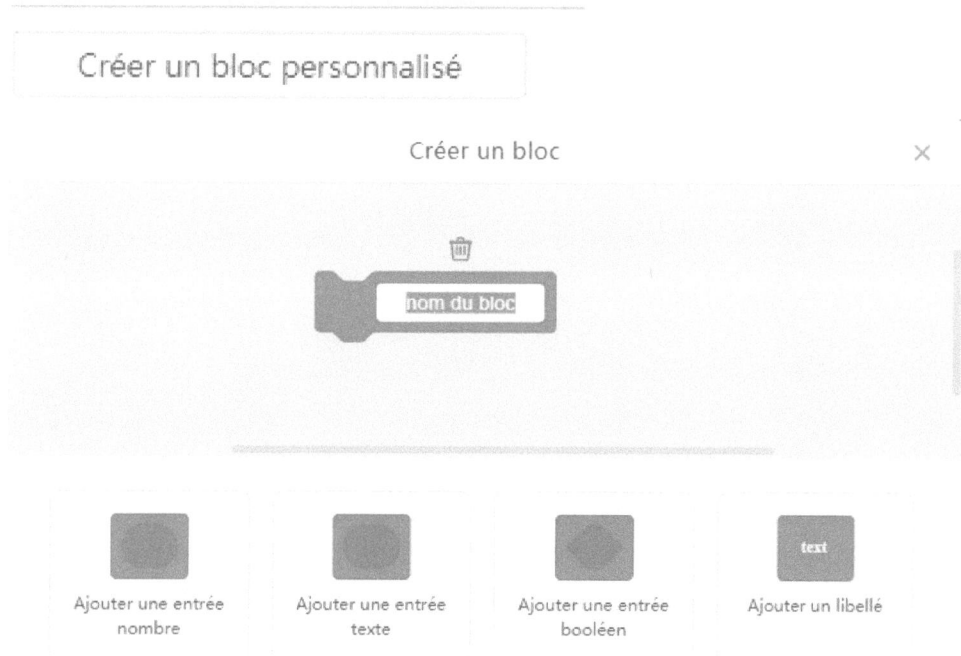

Les extensions

Extension Son et Lumière : La palette gère les capteurs et les LED RGB.

Son et lumière
Développeurs: mBlo...
Donnez à votre mbot des effets de sons et lumières en construisant le Robot chasseur de lumière, le robot Scorpion et la lampe intelligente.

Extension Pack Servo : Cette palette permet entre autres, de gérer un servomoteur fourni en option, connecté grâce à un adaptateur « slot », sur les ports RG25

Pack servo
Développeurs: mBlo...
Transformez votre mbot en chat. Faites-le danser, regarder autour de lui et s'illuminer.

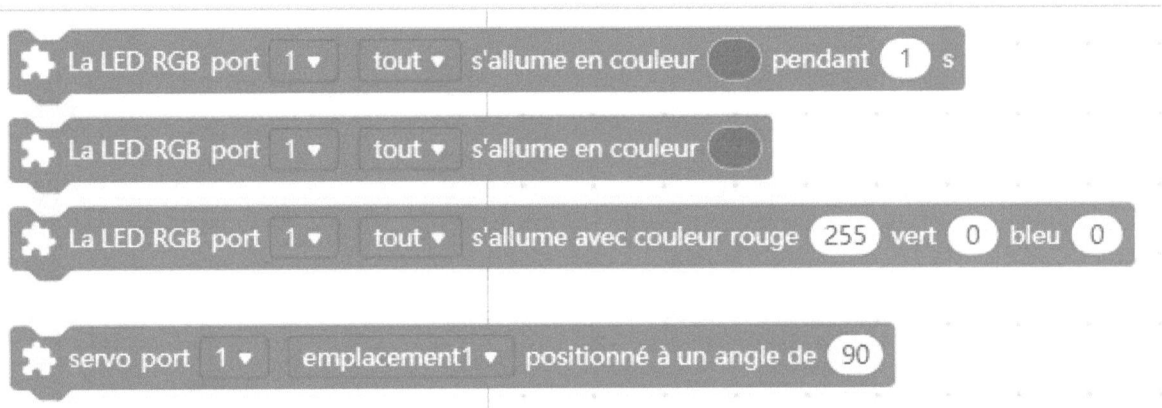

Extension Gadgets de détection : Cette palette permet de piloter entre autres, le mini ventilateur, le capteur de température et le potentiomètre.

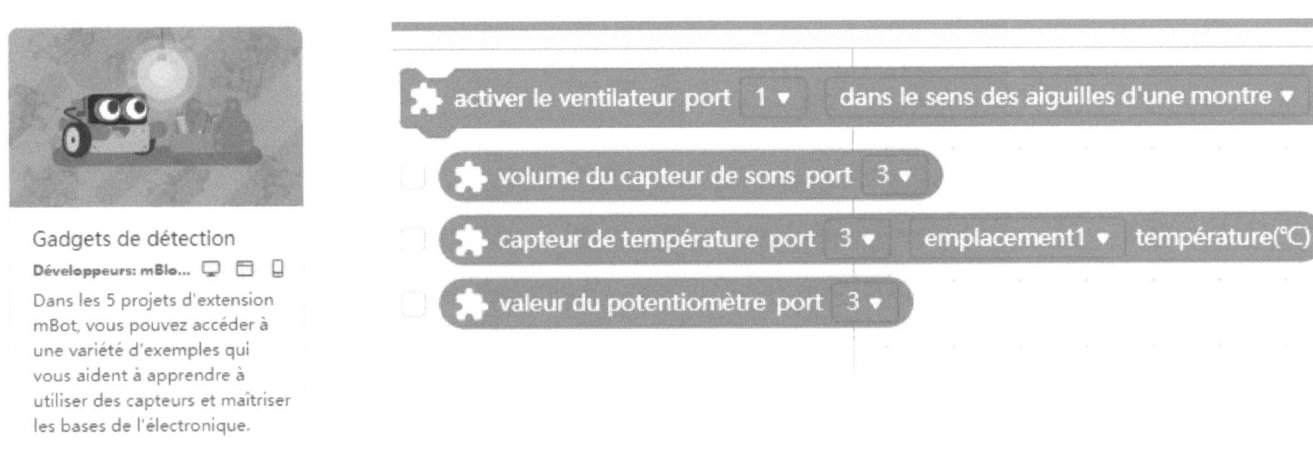

Gadgets de détection
Développeurs: mBlo...
Dans les 5 projets d'extension mBot, vous pouvez accéder à une variété d'exemples qui vous aident à apprendre à utiliser des capteurs et maîtriser les bases de l'électronique.

Extension Pack Gadgets : Cette palette permet de piloter entre autres, les micro rupteurs (interrupteur fin de course), et l'afficheur 7 segments.

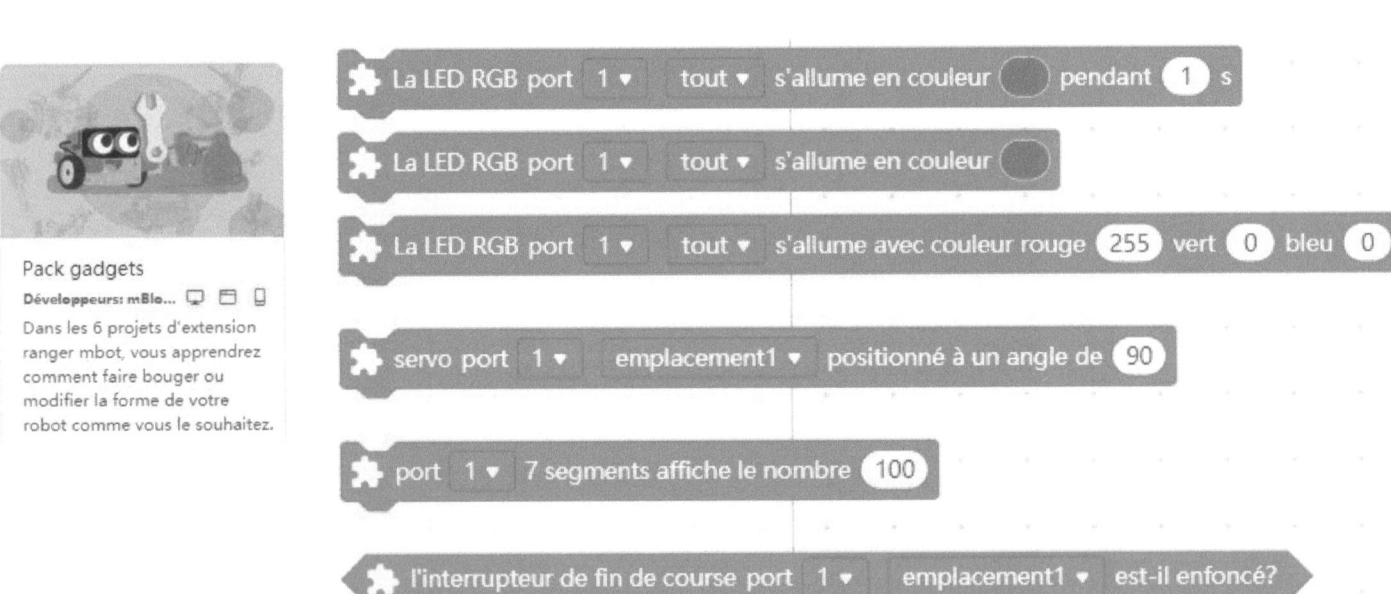

Pack gadgets
Développeurs: mBlo...
Dans les 6 projets d'extension ranger mbot, vous apprendrez comment faire bouger ou modifier la forme de votre robot comme vous le souhaitez.

Plate forme maker : Cette palette permet de couvrir la plupart des activités utilisées par mBot 1. On se peut suffire de l'ajouter à la place de toutes les autres. Son inconvénient c'est sa longueur et la similitude de forme des différents blocs.

Plate-forme Maker
Développeurs: mBlo...
Collection d'extensions mBot

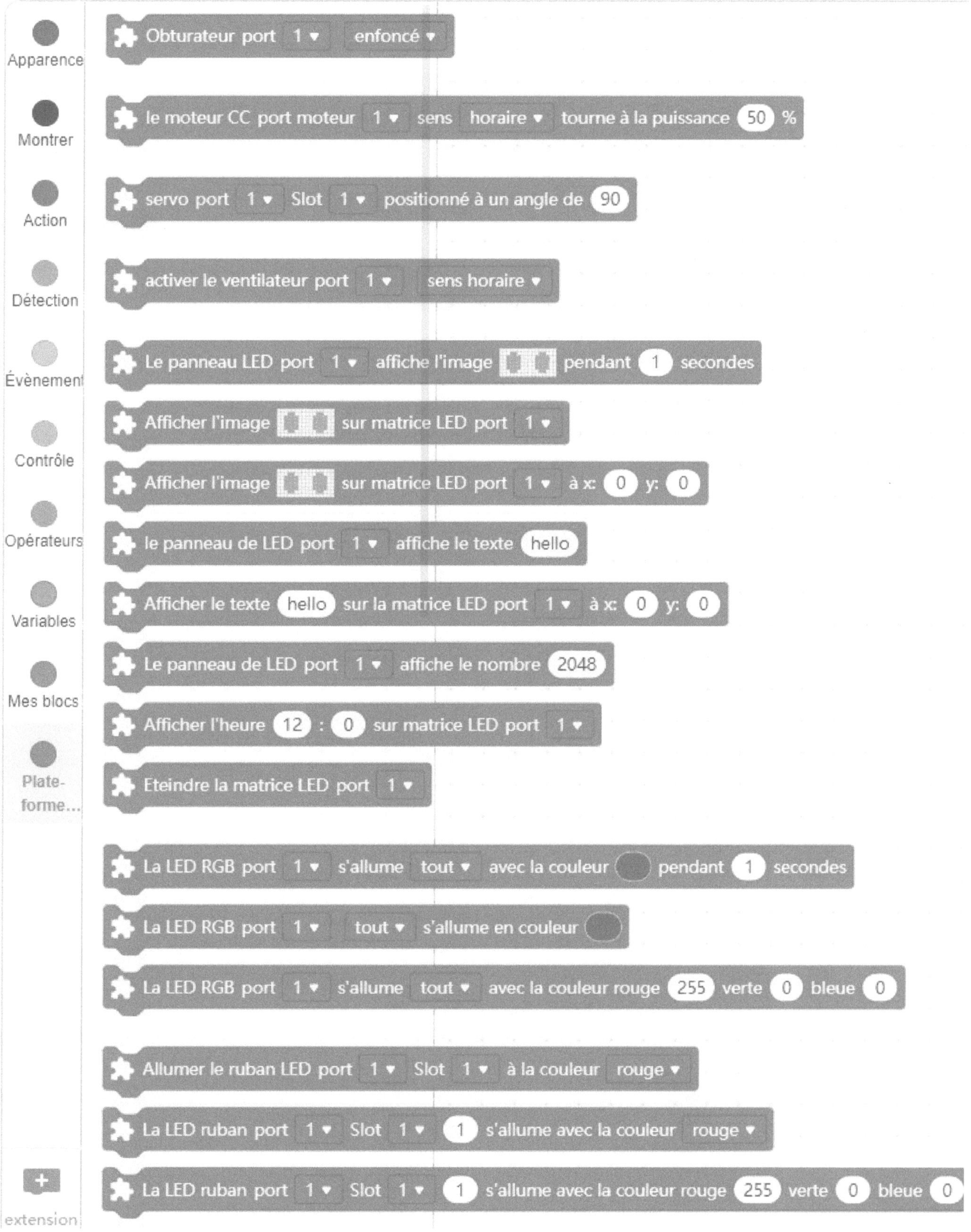

- Apparence
- Montrer
- Action
- Détection
- Évènement
- Contrôle
- Opérateurs
- Variables
- Mes blocs
- Plate-forme...
- extension

- Obturateur port 1 ▾ enfoncé ▾
- le moteur CC port moteur 1 ▾ sens horaire ▾ tourne à la puissance 50 %
- servo port 1 ▾ Slot 1 ▾ positionné à un angle de 90
- activer le ventilateur port 1 ▾ sens horaire ▾
- Le panneau LED port 1 ▾ affiche l'image ▢▢ pendant 1 secondes
- Afficher l'image ▢▢ sur matrice LED port 1 ▾
- Afficher l'image ▢▢ sur matrice LED port 1 ▾ à x: 0 y: 0
- le panneau de LED port 1 ▾ affiche le texte hello
- Afficher le texte hello sur la matrice LED port 1 ▾ à x: 0 y: 0
- Le panneau de LED port 1 ▾ affiche le nombre 2048
- Afficher l'heure 12 : 0 sur matrice LED port 1 ▾
- Eteindre la matrice LED port 1 ▾
- La LED RGB port 1 ▾ s'allume tout ▾ avec la couleur ◯ pendant 1 secondes
- La LED RGB port 1 ▾ tout ▾ s'allume en couleur ◯
- La LED RGB port 1 ▾ s'allume tout ▾ avec la couleur rouge 255 verte 0 bleue 0
- Allumer le ruban LED port 1 ▾ Slot 1 ▾ à la couleur rouge ▾
- La LED ruban port 1 ▾ Slot 1 ▾ 1 s'allume avec la couleur rouge ▾
- La LED ruban port 1 ▾ Slot 1 ▾ 1 s'allume avec la couleur rouge 255 verte 0 bleue 0

Plate forme maker (suite)

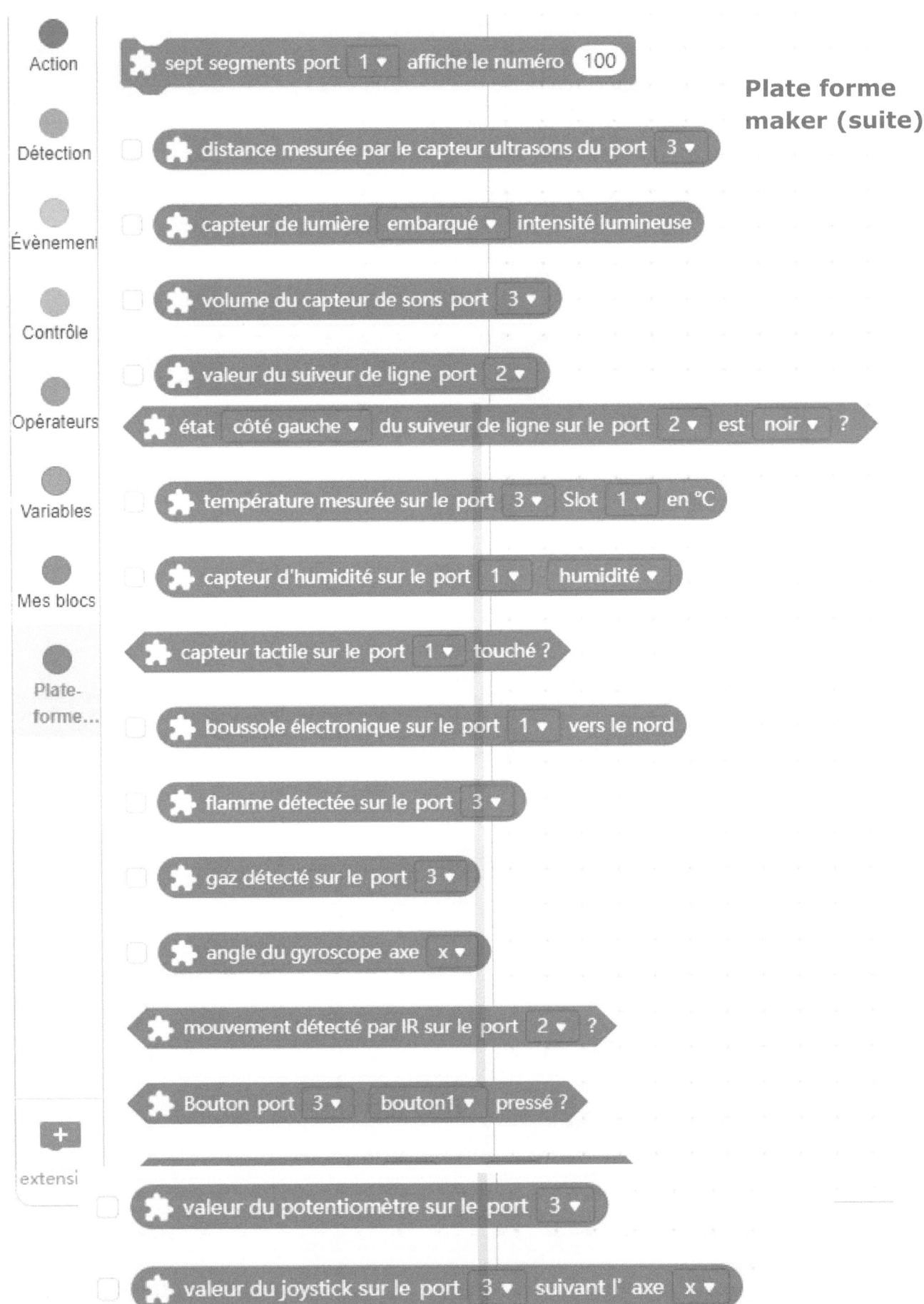

Composants fournis dans la mallette

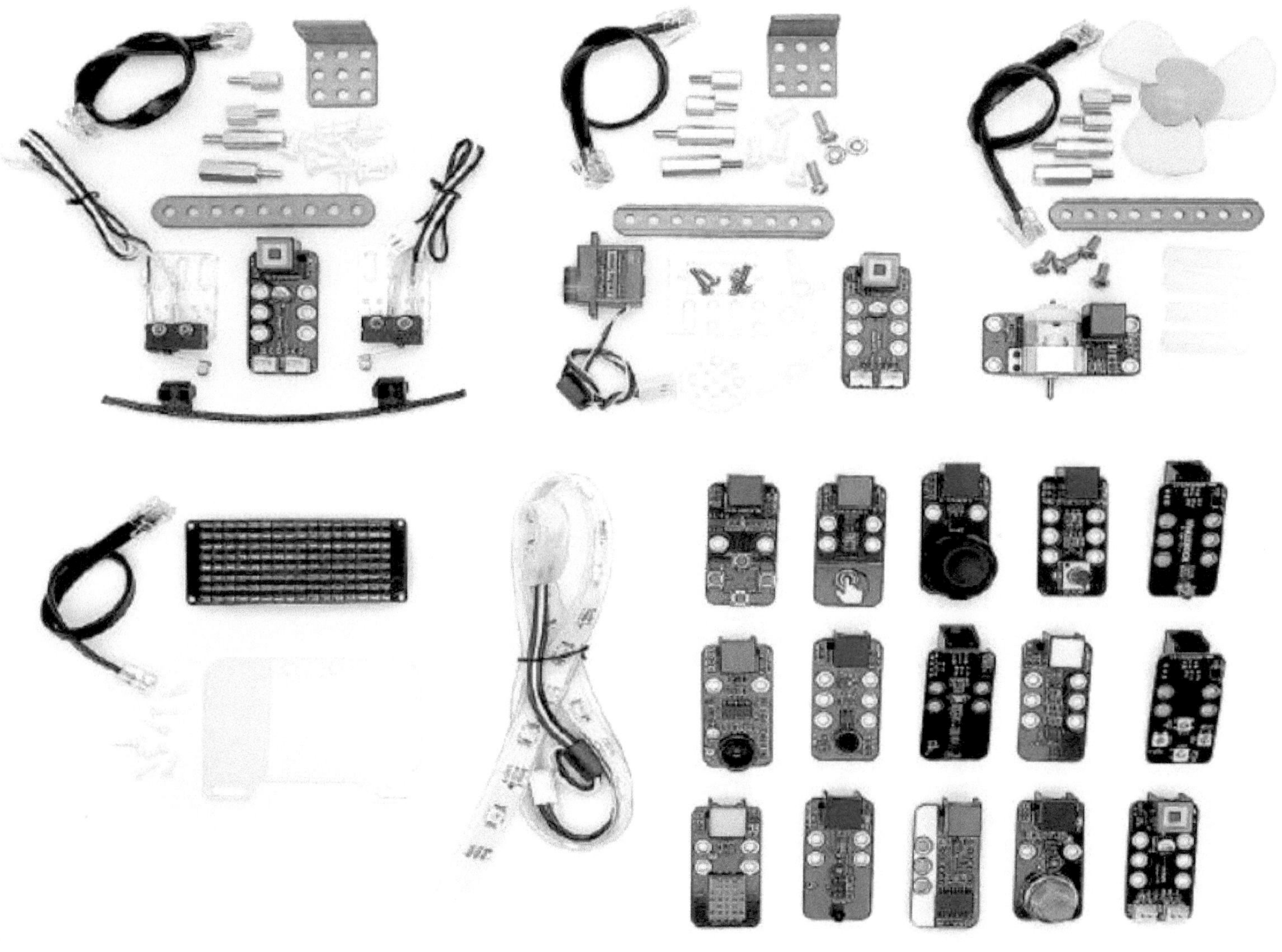

Programmation sur Mblock 5

1-Avancer :

Pour ce premier programme, on fait juste avancer le robot pendant une seconde. Pour cela, les instructions à utiliser sont les suivantes :

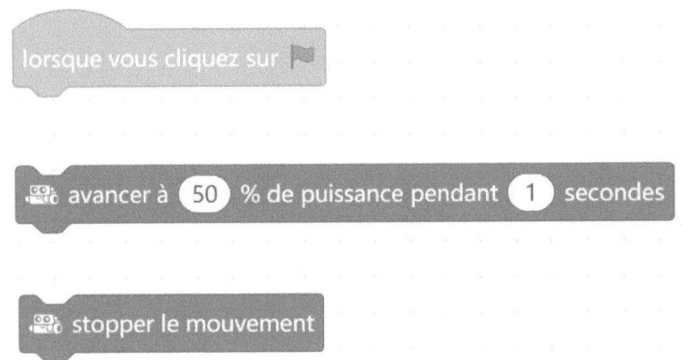

La vitesse est fixée par le pourcentage de la puissance maximale.

Programme

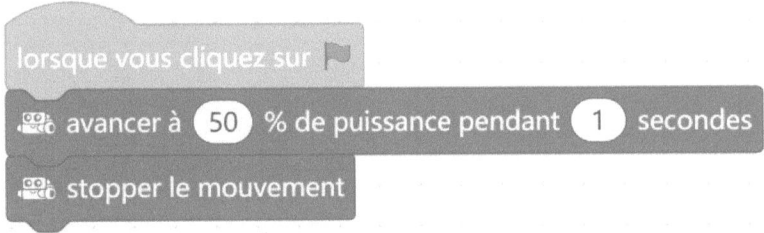

Algorithme

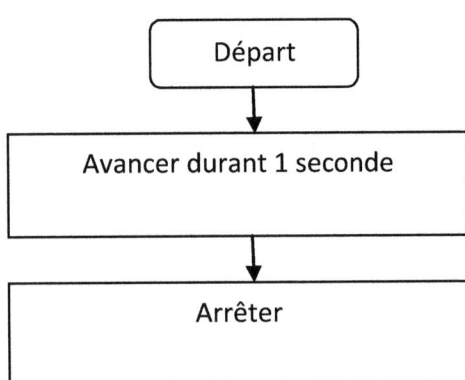

2-Parcourir un carré :

Le robot va parcourir une trajectoire ayant la forme d'un carré. Pour cela, il faut utiliser une instruction supplémentaire :

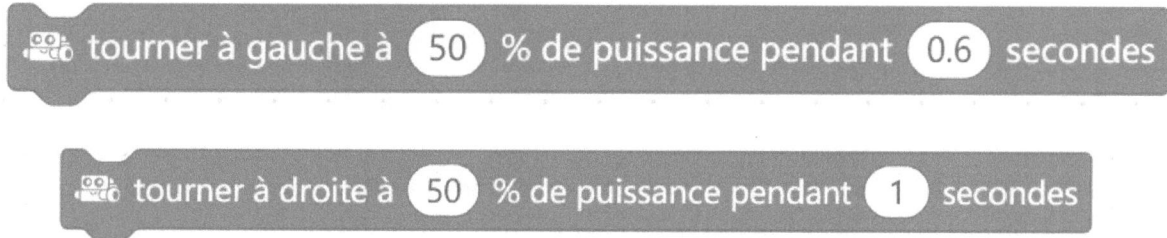

Le mBot peut tourner à gauche ou à droite, avec une vitesse à 50% de sa puissance, et une durée de 0.6 seconde. Il en résulte l'angle de 90° souhaité.

Algorithme :

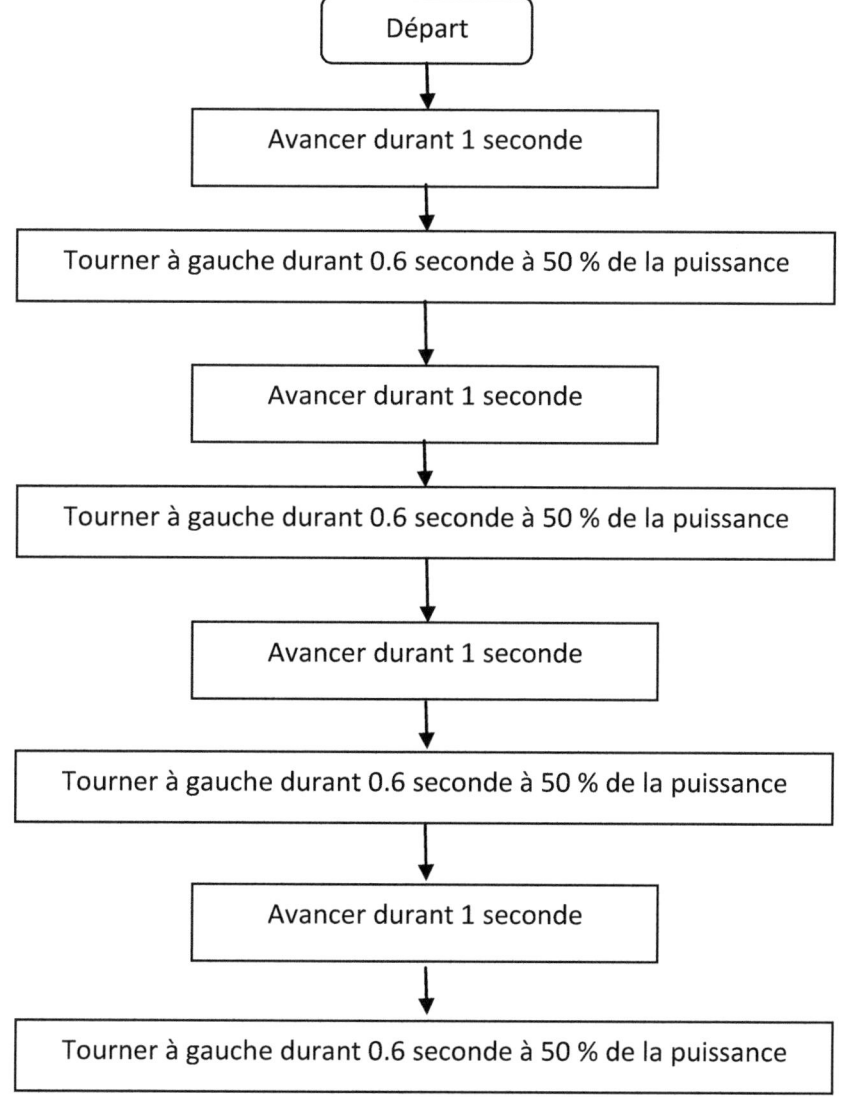

Programme :

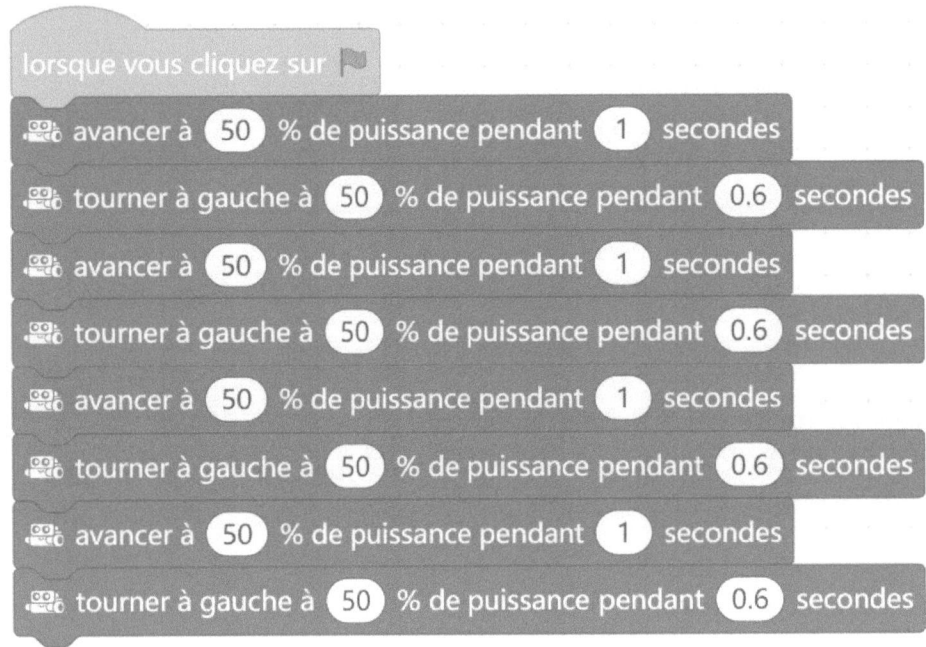

Ce programme est trop répétitif. Il y a une solution pour beaucoup plus simple et gagner du temps et de l'espace, en utilisant l'instruction de répétition, dans

laquelle on indique le nombre de répétition.

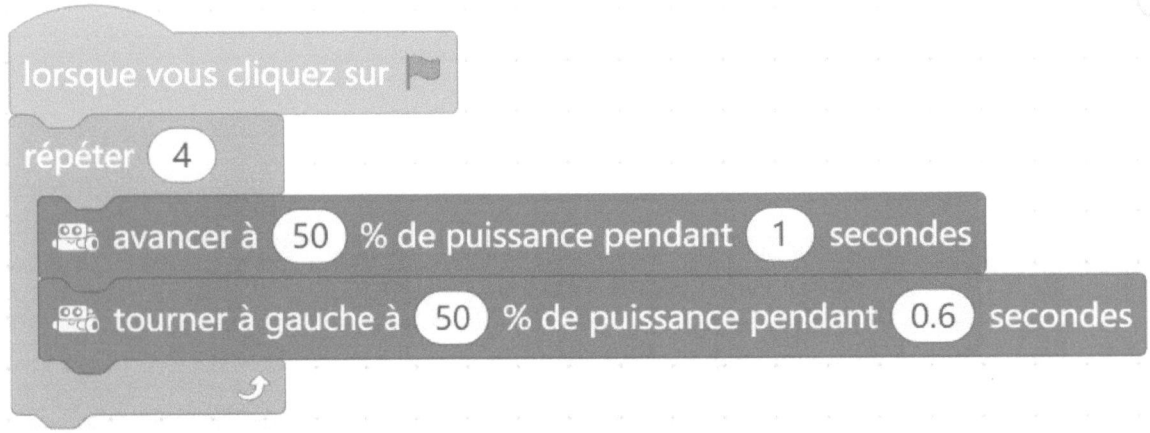

3- Parcourir un cercle :

Le mBot est aussi capable de parcourir une trajectoire circulaire, ce qui donne un plus grand rayon de rotation grâce à l'instruction suivante :

Cette instruction permet d'agir de façon différente sur chacun des moteurs.

Les moteurs étant programmés à deux vitesses différentes et constantes, la trajectoire trace un cercle.

Algorithme :

Si le drapeau est cliqué

Activer le moteur gauche à 40% de sa puissance

Activer le moteur gauche à 80% de sa puissance

Attendre 14 secondes

Arrêter les deux moteurs

Programme :

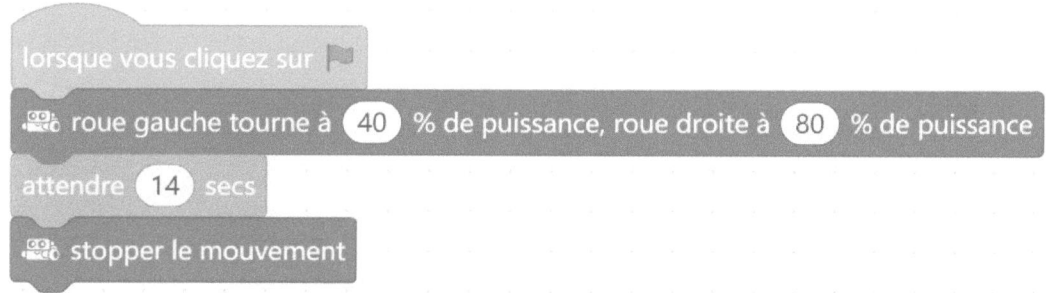

Ce type de déplacement peut être utilisé lors de courses de robots en autonomie sur une piste comportant des zones circulaires de grand rayon.

4- Détecter un obstacle et s'arrêter

Le robot peut détecter la présence d'un obstacle grâce à son détecteur à ultrason.

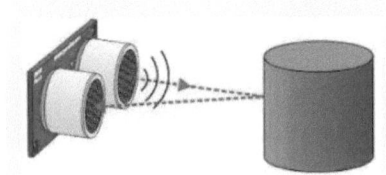

Me Ultrasonic Sensor

Capteur à ultrasons

Celui-ci est constitué d'un émetteur et d'un récepteur : l'émetteur envoie un ultrason, puis le récepteur récupère le temps mis par cet ultrason pour aller et revenir de l'obstacle, et le converti en distance (sur le mBot, cette distance est comprise entre 3 et 400 centimètres).

Algorithme :

Si la distance détectée est supérieure à 10 cm, le robot avance, sinon il s'arrête

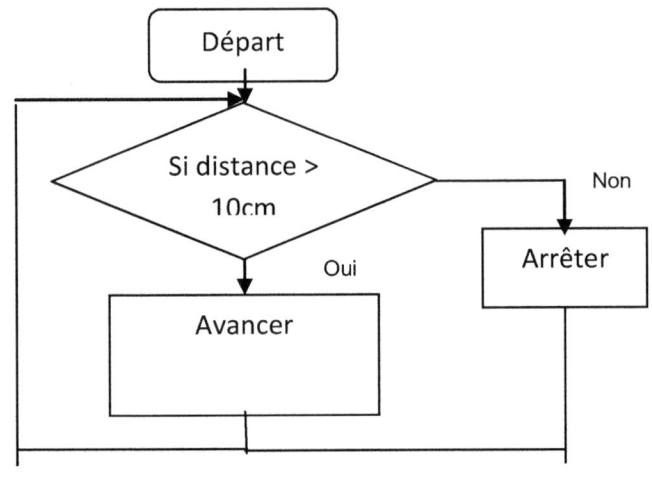

Programme :

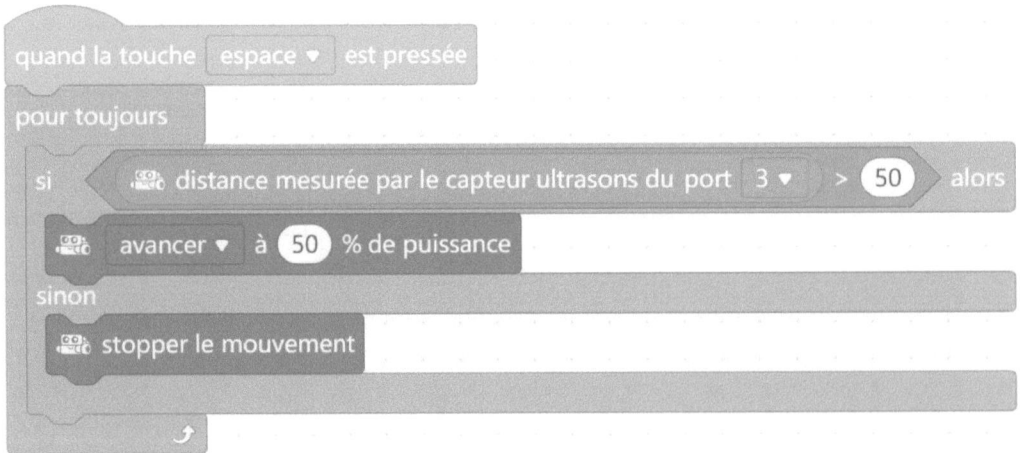

5- Ralentir :

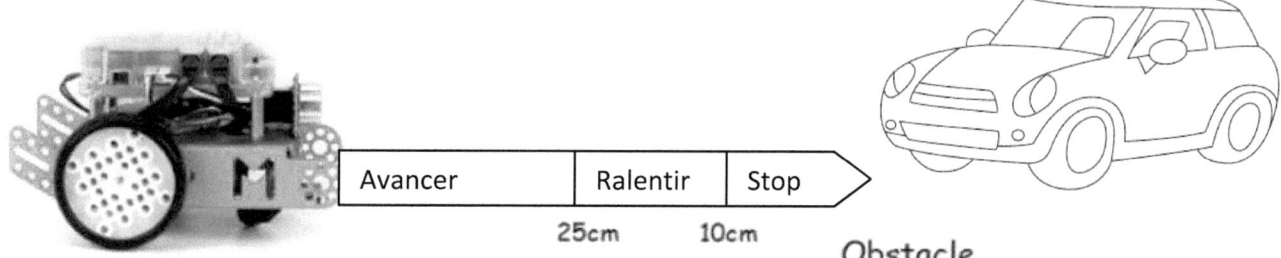

Algorithme :

Si la distance mesurée est inférieure à 20 cm, alors, il faut avancer à 80% de la puissance

Si la distance mesurée est inférieure à 15 cm, alors, il faut avancer à 65% de la puissance

Si la distance mesurée est inférieure à 10 cm, alors, il faut avancer à 50% de la puissance

Si la distance mesurée est inférieure à 20 cm, alors, il faut s'arrêter.

Sinon avancer à 100% de la puissance.

Programme :

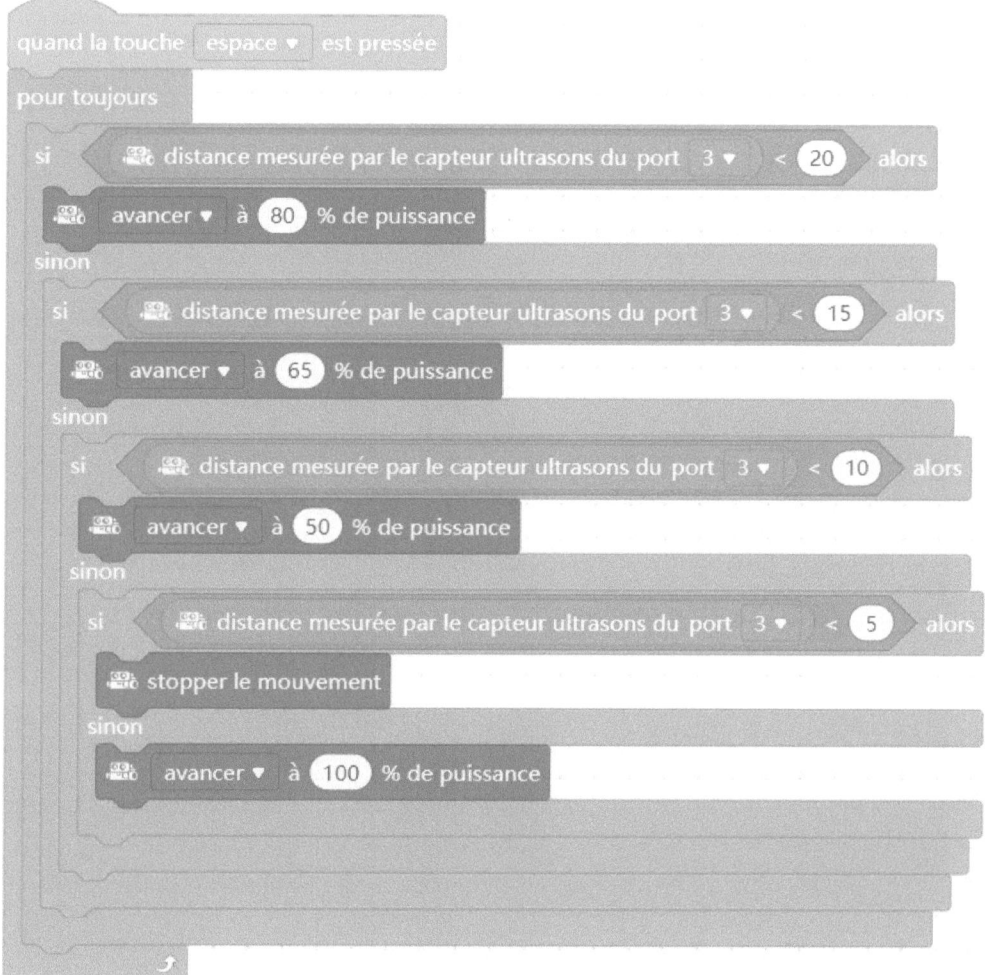

6- S'arrêter, effectuer un quart de tour et repartir

Il peut être intéressant de déclencher une action plus complexe lors de la détection d'un obstacle : c'est ce que nous proposons ci-dessous. Ainsi le mBot pourra se déplacer en toute autonomie dans une pièce, en simulant par exemple le mouvement d'un robot aspirateur.

Algorithme

Si la distance détectée est inférieure à 10 cm, le robot s'arrête, effectuer un quart de tour et repart, sinon il avance.

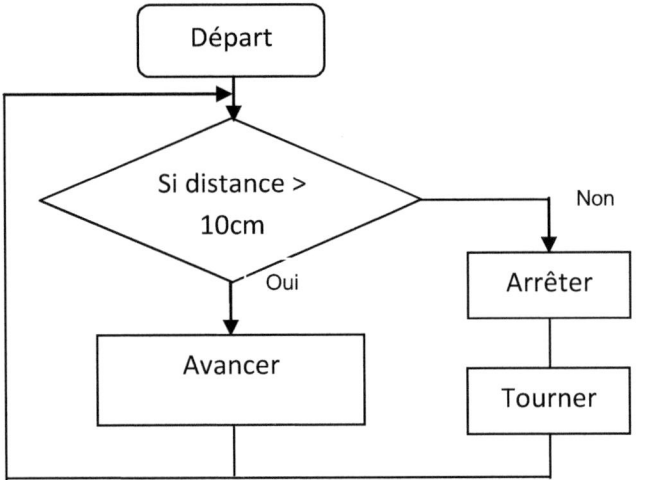

On retrouve ce type de déplacement sur les robots de nettoyage intervenant dans les lieux publics, car il permet d'éviter tout bousculement de personne ou d'objets.

Programme :

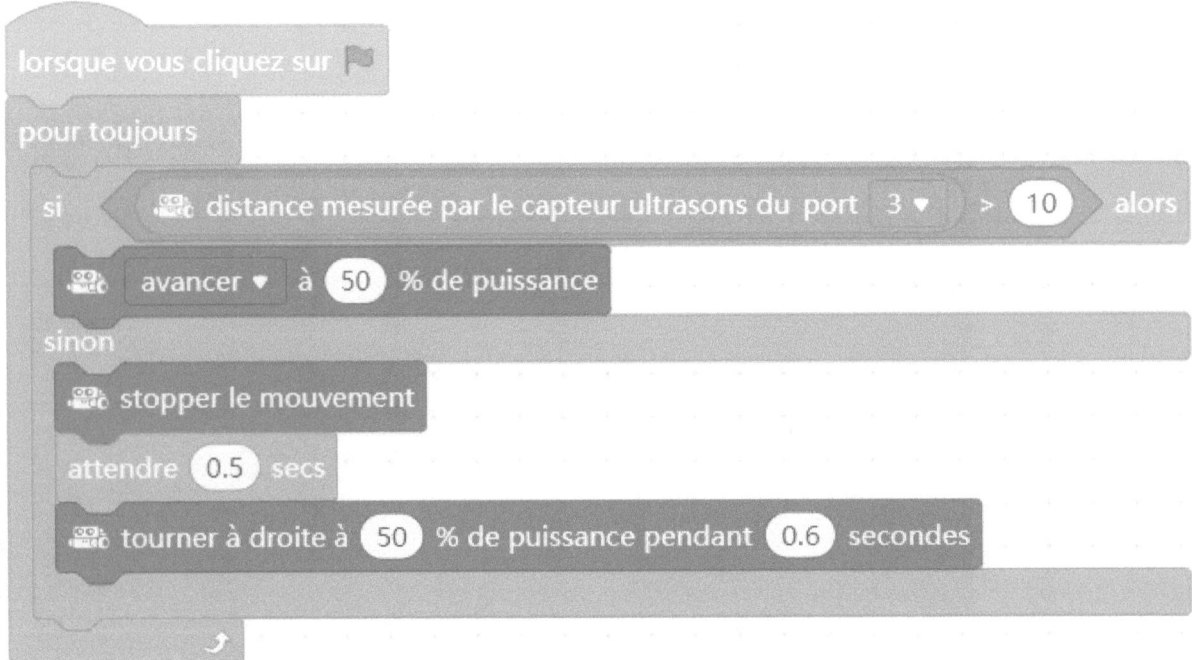

7- Jouer de la musique avec les mains :

Il est possible d'utiliser le détecteur à ultrasons pour jouer de la musique avec les mains. Selon la distance détectée par le capteur, le mBot jouera alors une note définie. Ce principe se traduit par le programme suivant :

Algorithme :

- Répéter indéfiniment
- Si la distance détectée est inférieure à 10 cm
- Alors jouer la note C4 durant une demi-seconde
- Sinon, Si la distance détectée par le capteur ultrason es
- Alors jouer la note B3 durant un demi-temps
- Sinon, Si la distance détectée par le capteur est inférieu
- Alors jouer la note A3 durant un demi-temps
- Sinon, Si la distance détectée par le capteur est inférieu
- Alors jouer la note D4 durant un demi-temps

Cette activité est inspirée du thérémine, un instrument électronique permettant de jouer de la musique avec les mains, inventé en 1919 par le Russe Lev Sergueïvitch Termen.

Programme

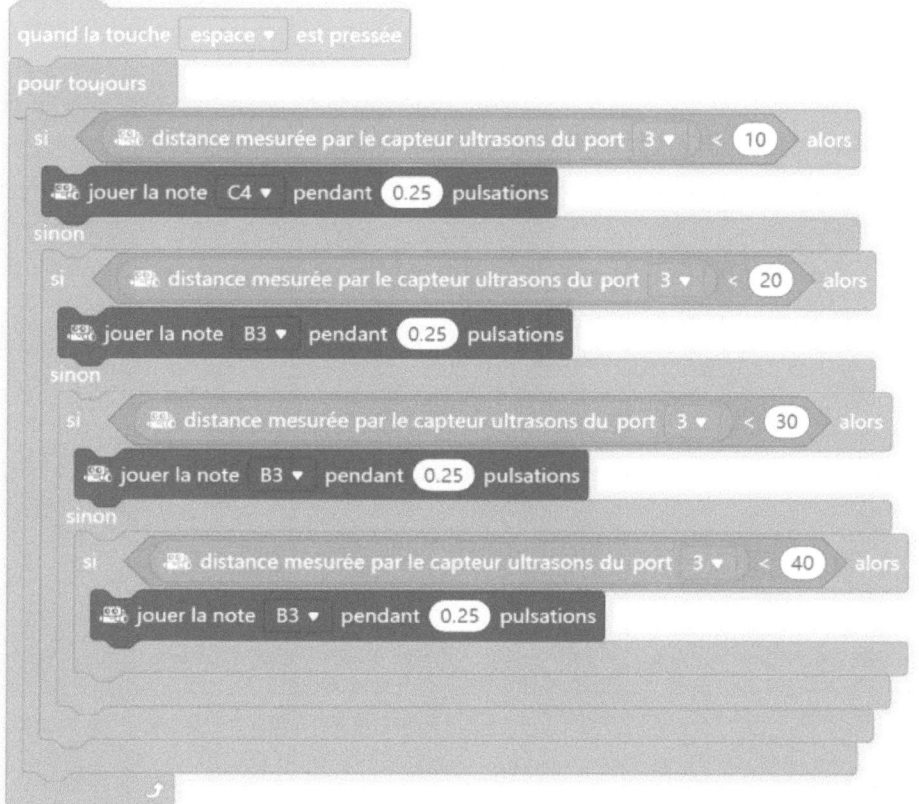

Me Ultrasonic Sensor

Capteur à ultrasons

8-Déclencher une action sur la carte mCore :

La carte mCore possède un bouton poussoir, mais on peut y ajouter en option un autre bouton poussoir, et un joystick. Un bouton permet d'éviter certains problèmes au démarrage du programme embarqué dans le mBot. En effet, dans les activités précédentes, le programme démarre des la mise sous tension du robot, mais s'il se trouve à ce moment là sur une table, il risque de chuter.

Prenons l'exemple d'un programme d'aspirateur-robot amélioré. Le mBot va tourne au hasard à droite ou à gauche lorsqu'il détectera un obstacle.

Le programme ne démarrera qu'après un appui sur le bouton de la carte.

On protège le lancement par un autre déclencheur d'évènement comme un appui sur touche espace.

Programme

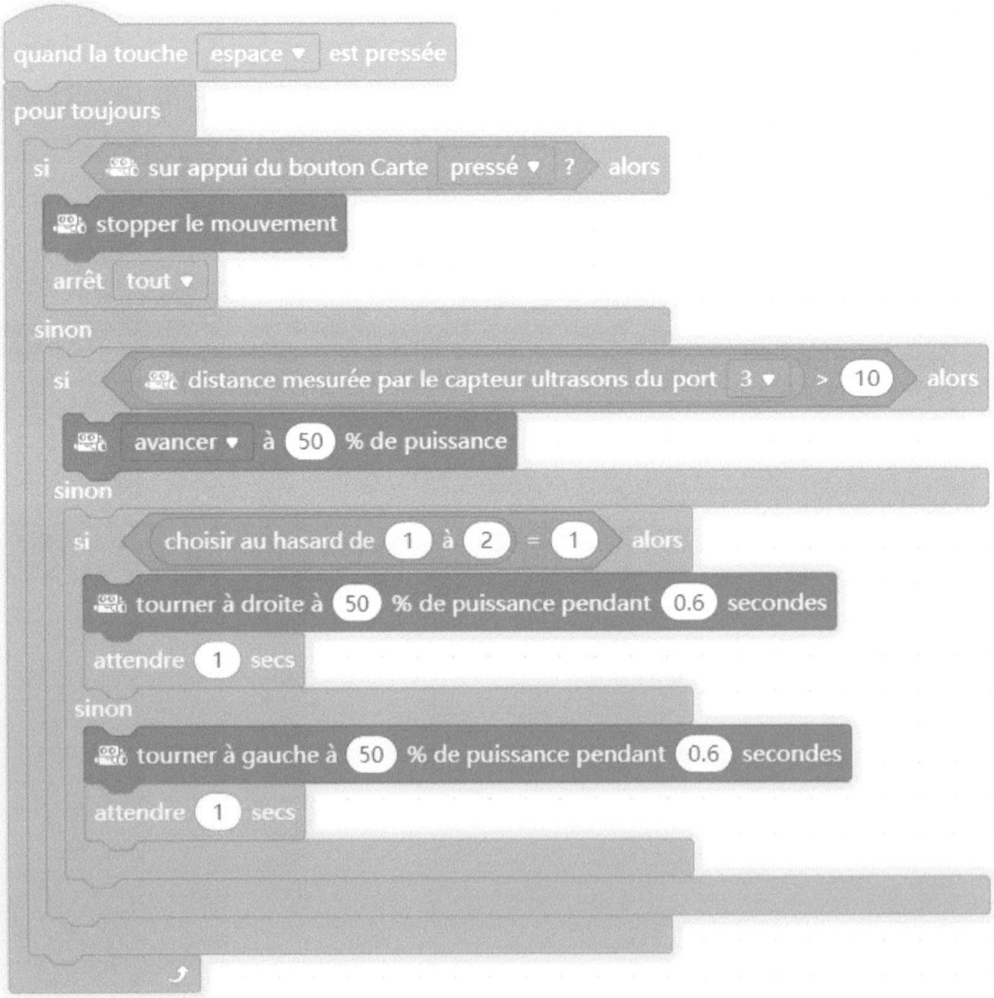

```
quand la touche [espace ▼] est pressée
pour toujours
    si  < sur appui du bouton Carte [pressé ▼] ? >  alors
        stopper le mouvement
        arrêt [tout ▼]
    sinon
        si  < distance mesurée par le capteur ultrasons du port [3 ▼] > (10) >  alors
            [avancer ▼] à (50) % de puissance
        sinon
            si  < choisir au hasard de (1) à (2) = (1) >  alors
                tourner à droite à (50) % de puissance pendant (0.6) secondes
                attendre (1) secs
            sinon
                tourner à gauche à (50) % de puissance pendant (0.6) secondes
                attendre (1) secs
```

9- Utiliser le Joystick

La carte mCore ne dispose pas d'un joystick, mais elle prendre en charge, on peut l'ajouter en option, et prendra cinq positions : quatre dans les directions X+, X-, Y+ et Y-, et une en appui vertical. Cela est pratique comme une manette de pilotage de manière intuitive, faire déplacer le robot, en avant, en arrière, à gauche et à droite. Voici comment programmer le joystick.

Programme :

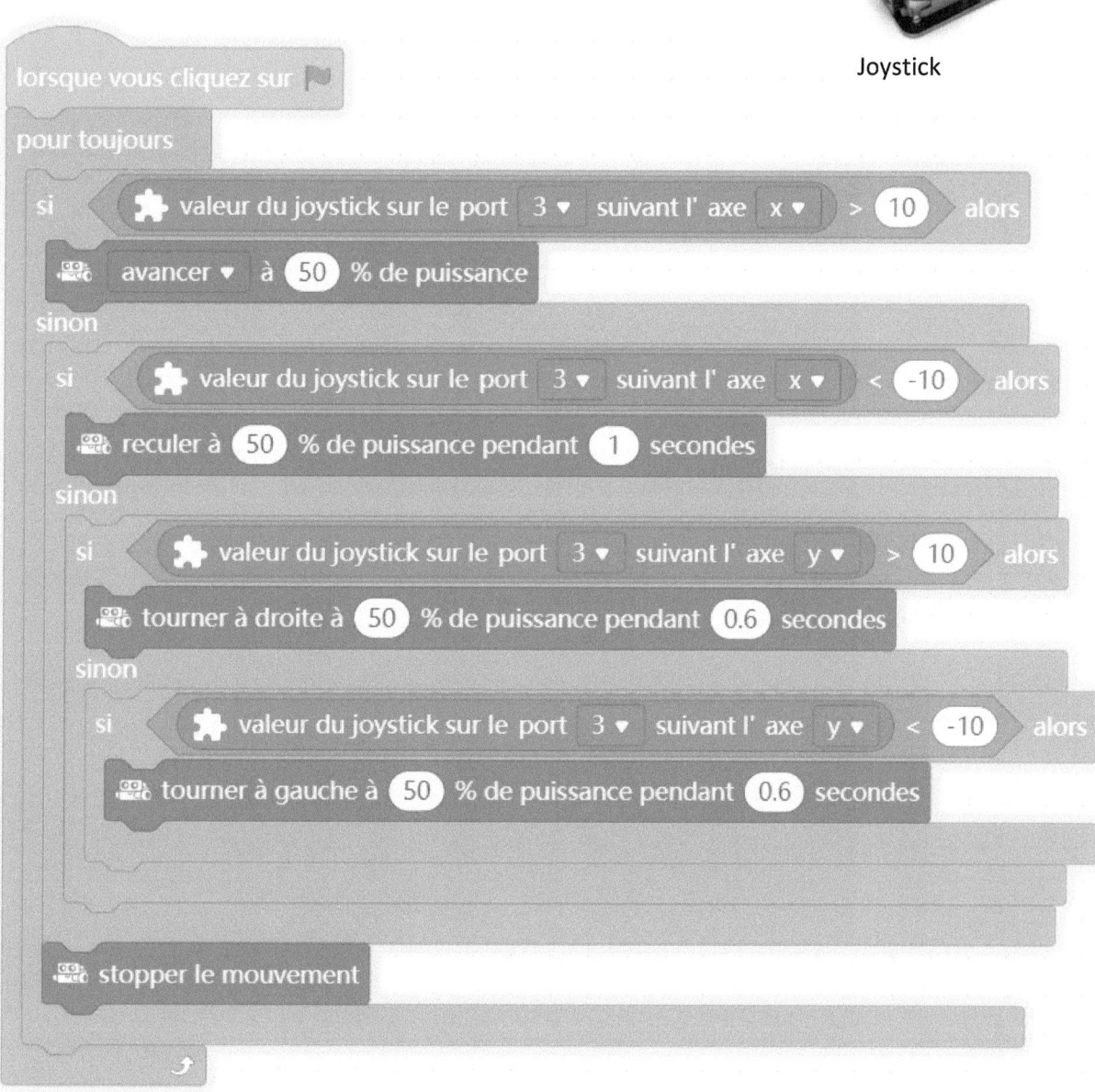

Joystick

10- Afficher un message sur la matrice 8x16 :

Cette matrice permet d'afficher des messages à trois caractères, cela peut une indication du mouvement en courts : avancer (Frw), reculer (Bcw), tourner à droite (rgh) et tourner à gauche (Lft).

Kit matrice 8x16 LED

Les LED ne sont pas couvertes.   La matrice à LED est couverte d'un écran blanc translucide

11-Suivre une ligne noire (1ère solution) :

Le robot dispose d'un capteur RVB (ou RGB en anglais) comportant quatre capteurs de couleur. Pour obtenir les instructions le pilotant, il est nécessaire d'installer l'extension « Capteur QUAD » RGB ».

Il est nécessaire que la ligne noire soit d'une largeur minimale de 13 mm, correspondant à l'écartement des deux capteurs centraux L1 et R1, et de couleur mate pour qu'elle absorbe bien la lumière. Vous pouvez utiliser la piste livrée avec le kit de base mBot, ou bien acheter une piste plus grande et plus résistante (par exemple, la piste de référence PISTE-SDL-1 chez A4 Technologie).

Les robots suiveurs de ligne sont utilisés dans l'industrie, notamment pour se déplacer dans les entrepôts et transporter de manière autonome des composants d'un point à un autre.

Le système RVB est l'espace colorimétrique utilisé par les moniteurs, les scanners et les APN (Appareil photo numérique). "RVB" (ou RGB) pour **Rouge, Vert et Bleu**, désigne les couleurs primaires utilisées en synthèse additive. Un fichier RVB comporte 3 couches composites Rouge, Vert et Bleu codées sur 256 niveaux chacune (de 0 à 255).

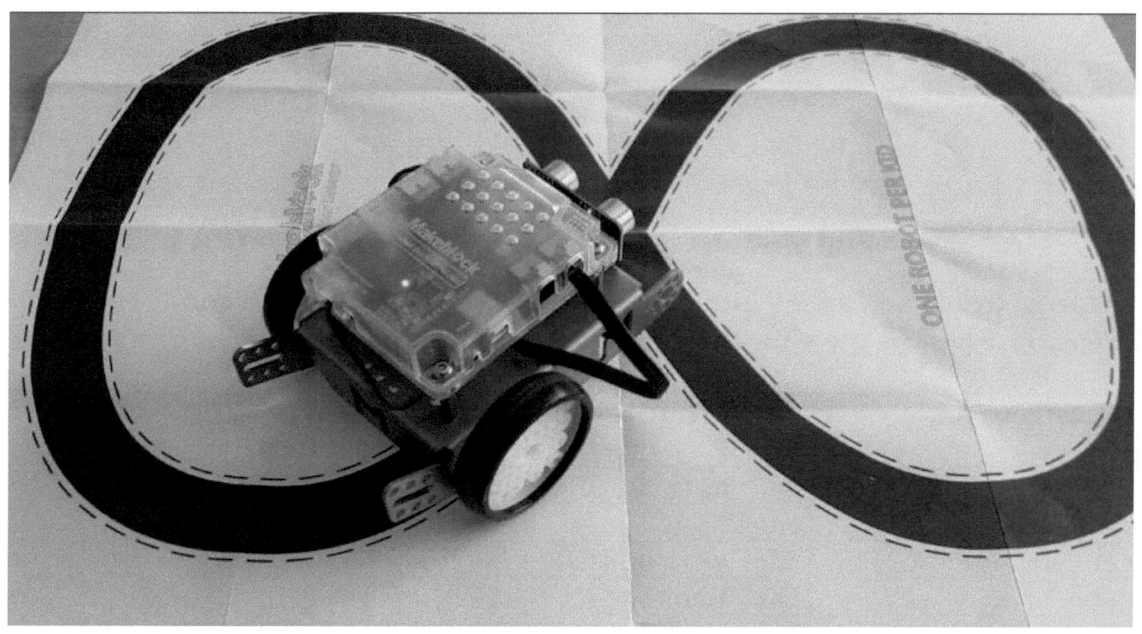

Algorithme

- Si drapeau est cliqué
- Si capteur de ligne droit détecte blanc, alors tourner à gauche 15°
- Sinon, Si capteur de ligne gauche détecte blanc, alors tourner à droite 15°
- Sinon, Si les deux capteurs de ligne détectent blanc, alors reculer
- Sinon, Si les deux capteurs de ligne détectent noir1, alors avancer.

Programme :

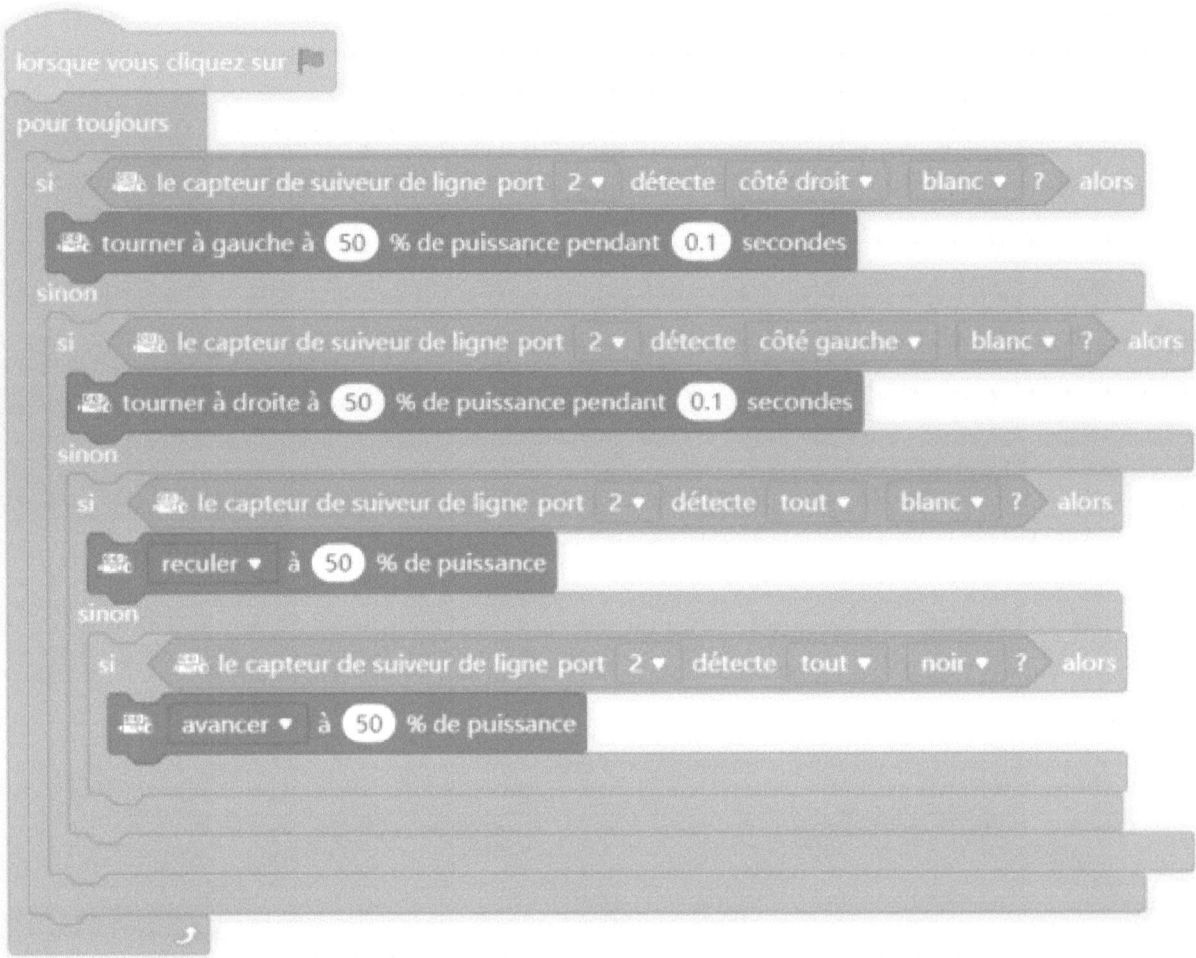

12-Suivre une ligne noire (2ᵉᵐᵉ solution) :

Dans cette activité, seules les informations envoyées par les capteurs L1 et R1 sont prises en compte (ce sont les deux capteurs centraux).

Capteur L1	Capteur R1	Information envoyée à la carte
Sur ligne noire	Sur ligne noire	0
Sur ligne noire	Sur blanc	1
Sur blanc	Sur ligne noire	2
Sur blanc	Sur blanc	3

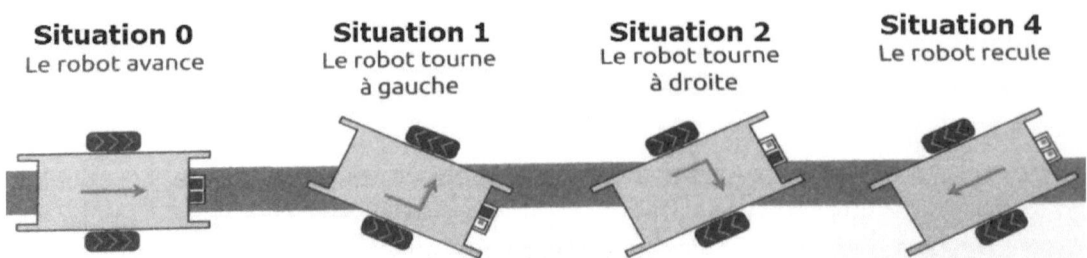

Programme :

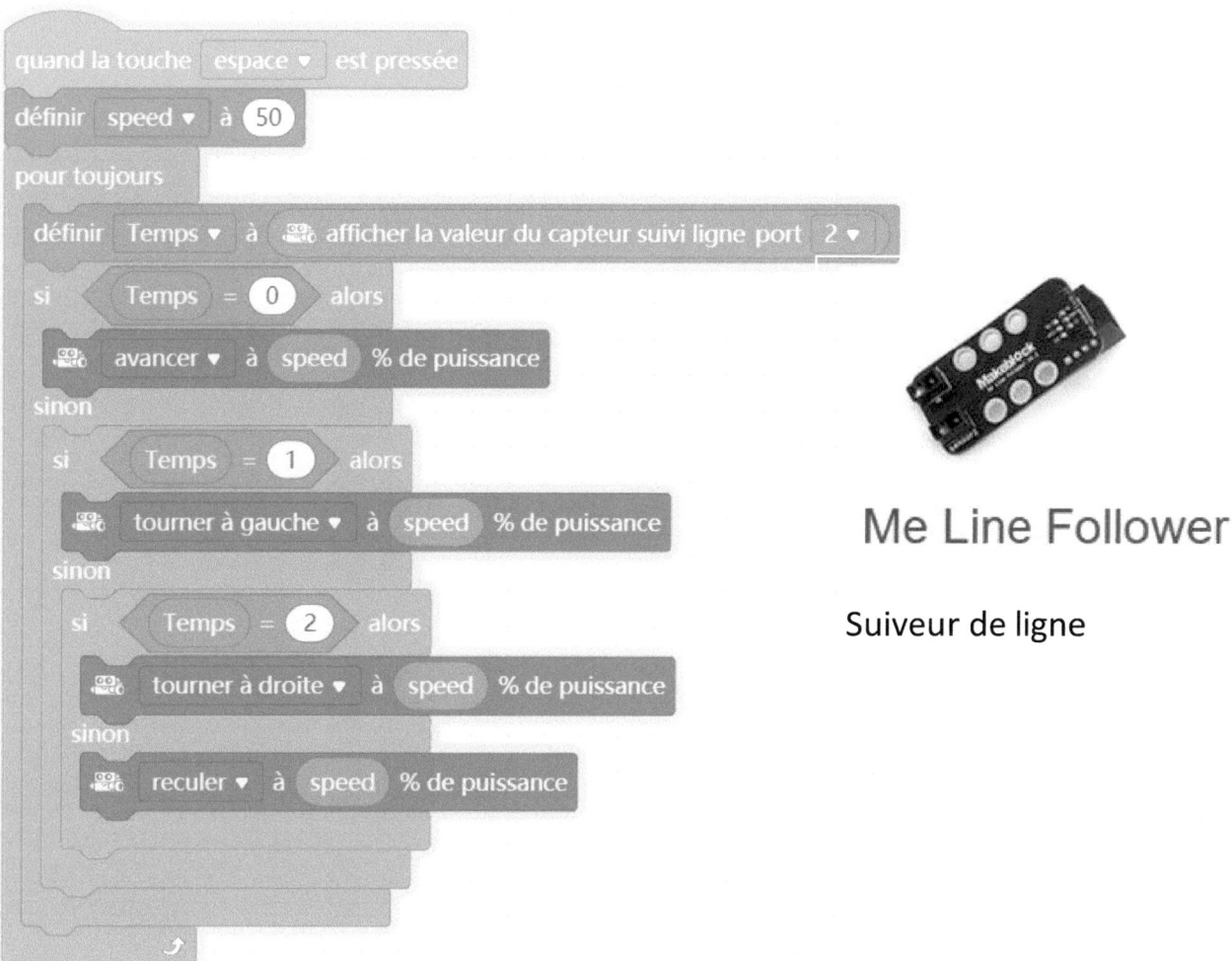

Me Line Follower

Suiveur de ligne

13 : Déplacer le mBot sur une piste (3ème solution) :

Nous utilisons une piste sur laquelle le robot devra circuler entre les lignes noires. Pour cela il faudra faire appel au capteur de suiveur de ligne. Des que le robot touche une ligne noire, il effectue une petite rotation pour revenir sur la partie blanche de la piste.

Algorithme :

- Répéter indéfiniment
- Avancer à la vitesse 50
- Si le capteur de gauche du suiveur de ligne détecte du noir
- Tourner à droite
- Attendre 0.5 seconde
- Si le capteur de droite du suiveur de ligne
- Détecte du noir
- Tourner à gauche

Programme :

Capteur de suiveur de ligne

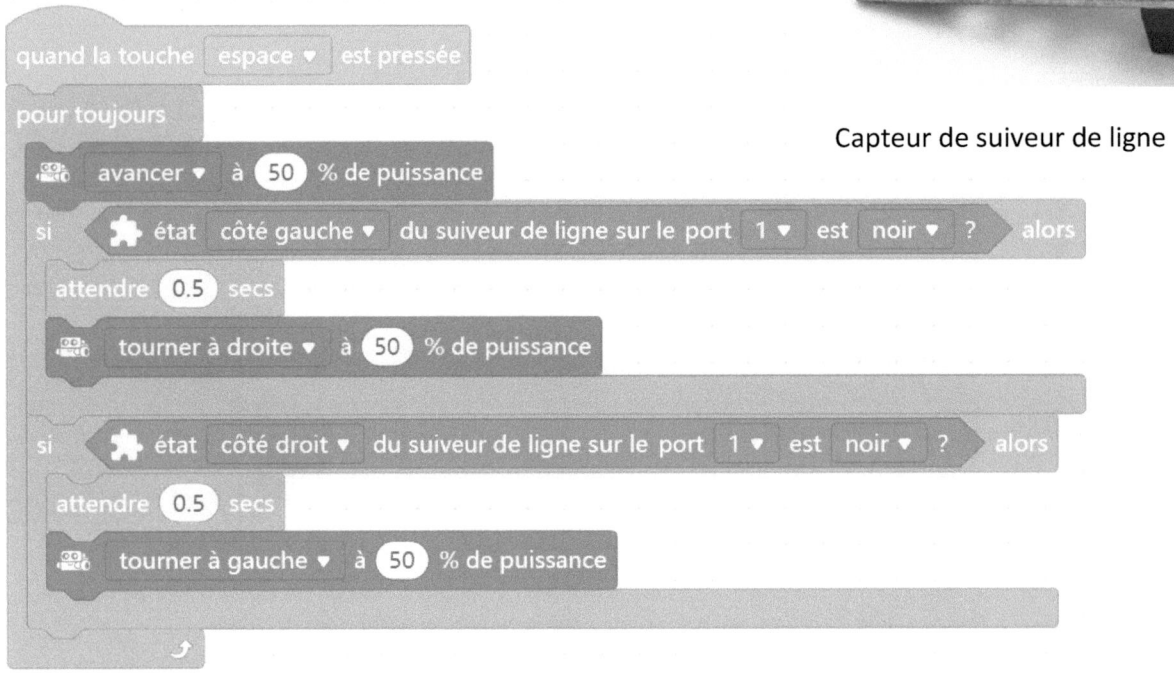

14- Réaliser un sonomètre :

Activité : utiliser le capteur de son sur « port », pour afficher des couleurs, qui changent en fonction du volume sonore ambiant.

Capteur de son

Programme :

15- Signaler un obstacle :

Après avoir utilisé le capteur à ultrasons, la bande de DEL et le buzzer, nous allons maintenant les faire fonctionner ensemble. Dans cette activité, le capteur est exploité pour détecter un obstacle : dans ce cas, la bande de DEL s'allume et un son est émis, puis le robot tourne à droit et continue sa route.

Algorithme :

- Répéter indéfiniment
- Répéter 5 fois
- Allumer la bande de DEL en rouge
- Jouer l'audio « sonnerie »
- Attendre 0.3 seconde
- Eteindre la bande de DEL
- Tourner à droite de 45°
- Avancer à la vitesse 100

Programme :

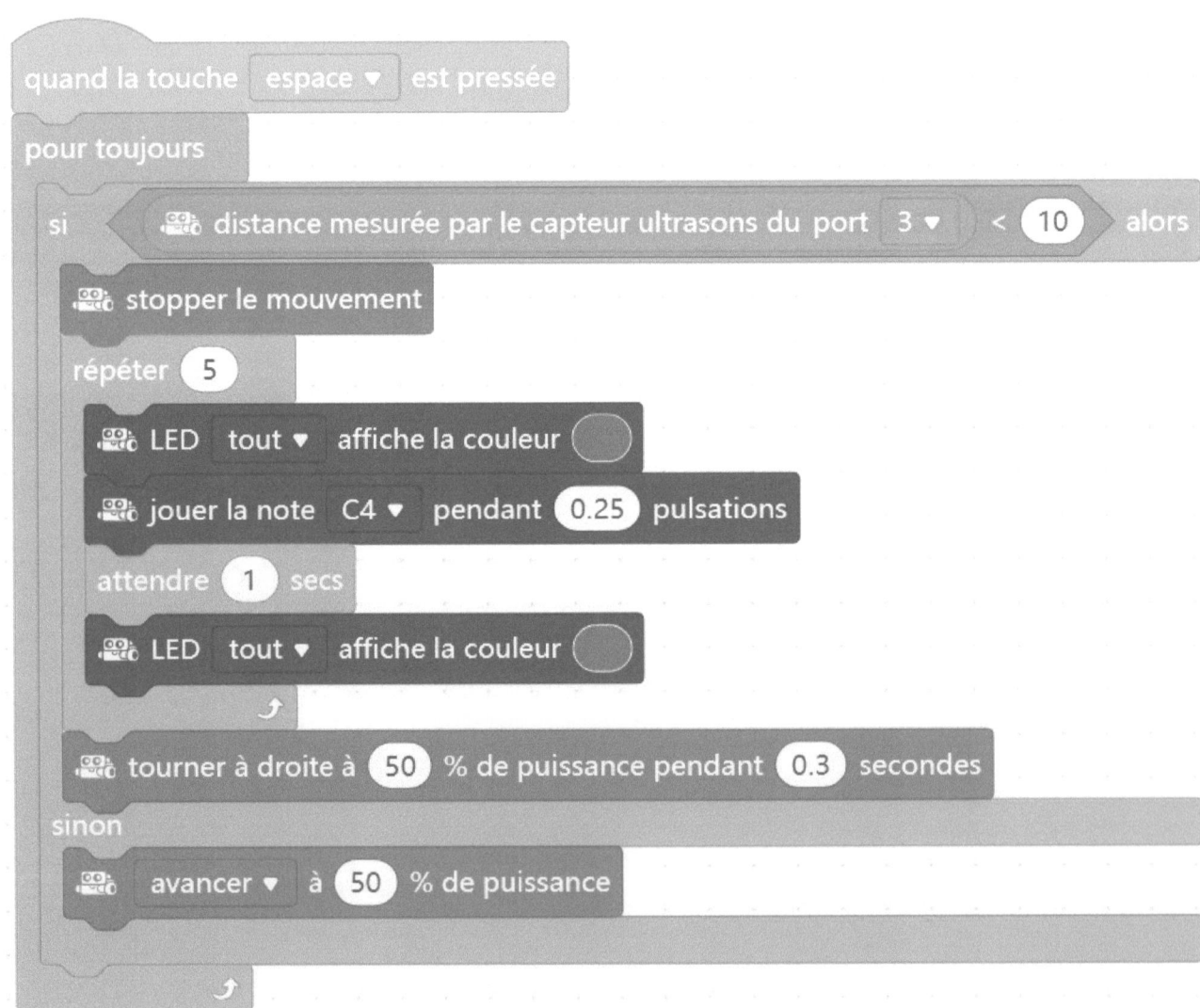

16- Déplacer un robot dans un labyrinthe :

Déplacer le mBot dans un labyrinthe (1ère solution) :

Voici un grand de la programmation de robots : le déplacement dans un labyrinthe. Il existe évidemment plusieurs manières de traiter cette activité, nous nous servons ici du capteur à ultrasons. En tâtonnant, le robot finira par trouver la sortie.

Algorithme :

- Répéter indéfiniment
- Avancer à la vitesse 50
- Si la distance mesurée par le capteur à ultrasons est inférieure à 40 cm
- Reculer à la vitesse 50 si pendant une seconde
- Tourner à droite à 90°
- Sinon si la distance mesurée par le capteur à ultrasons est inférieure à 20 cm
- Reculer à la vitesse 50 pendant 1 seconde
- Tourner à droite à 90°

Programme :

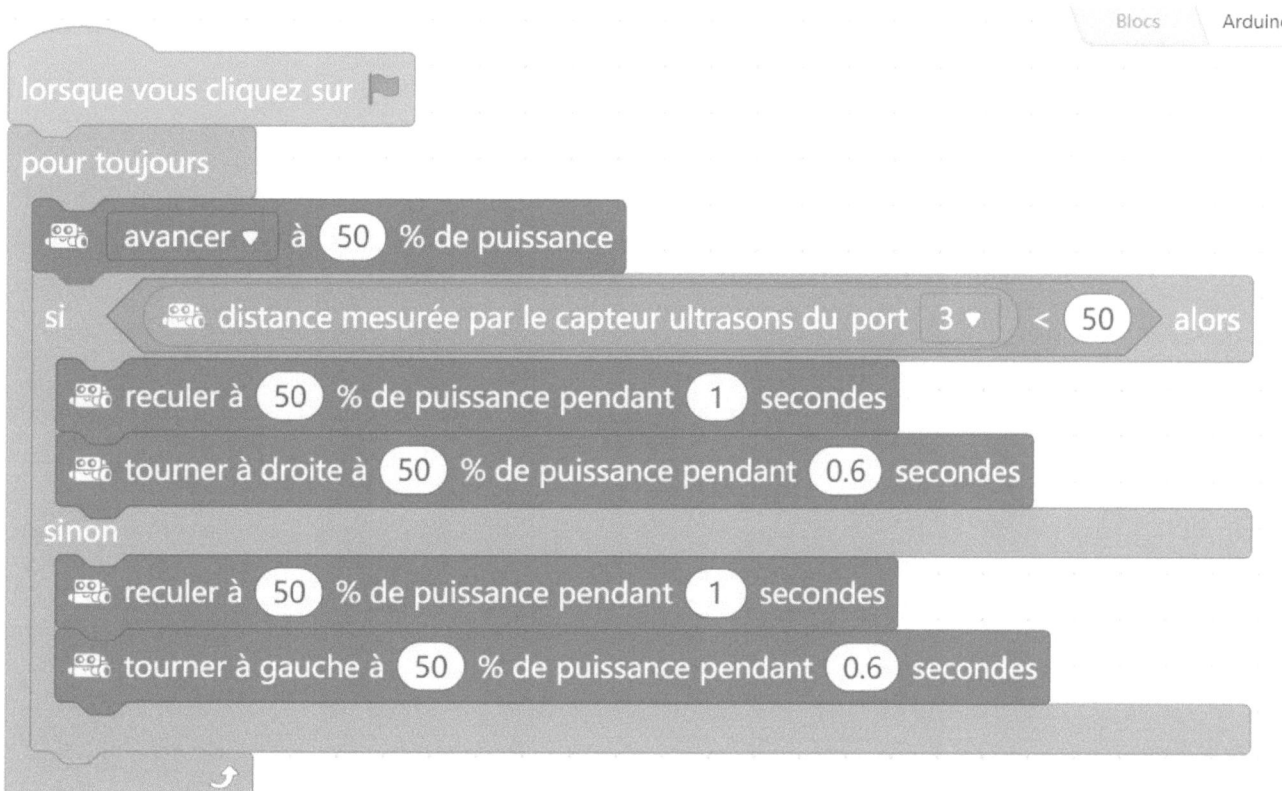

17- Déplacer le mBot dans un labyrinthe (2ème solution) :

Voici une seconde méthode infaillible pour faire sortir le robot du labyrinthe. Ce n'est pas forcément la plus rapide mais elle fonctionne à tous les coups. Elle nécessite un deuxième capteur à ultrasons fixé sur le côté droit mBot 2.

Algorithme :

- Répéter indéfiniment
- Si la distance mesurée par le capteur à ultrasons est supérieure à 4 cm.
- Tourner à droite pendant 1 seconde
- Avancer pendant 1 seconde
- Sinon la distance mesurée par le capteur à ultrasons est inférieure à 4 cm.
- Tourner à gauche pendant 1 seconde
- Avancer
- Sinon avancer

Programme :

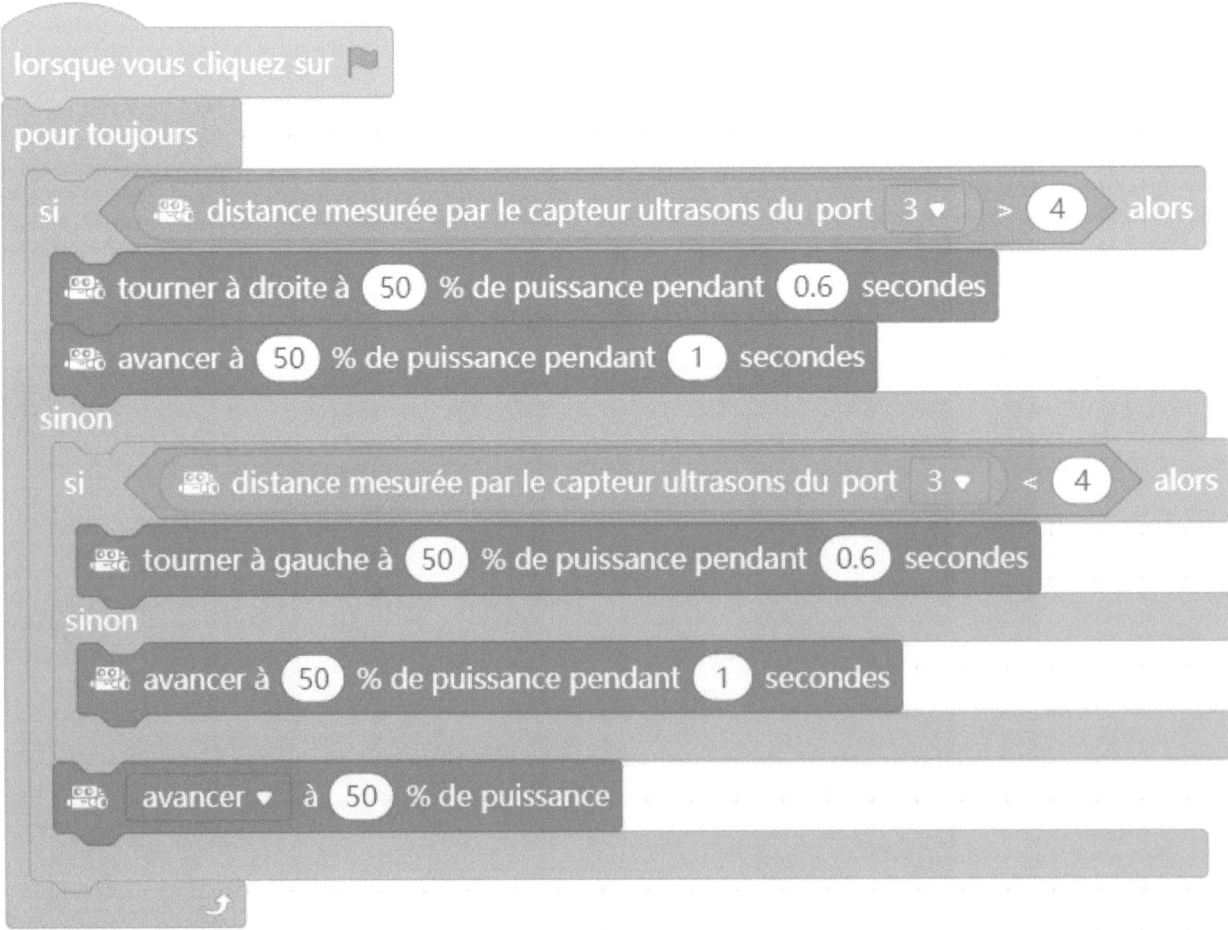

18- Afficheur à 7 segments : mesurer la distance

Comment Afficher la distance à un obstacle ?

L'afficheur à 7 segments nous indiquera la distance à un obstacle mesurée par le capteur à ultrasons.

Pour avoir le temps de lire l'information, il est souhaitable d'insérer une temporisation et, pour une meilleure lecture, de sauter une ligne à chaque affichage comme dans le programme précédent.

Le mBot peut être ainsi exploité pour mesurer les dimensions d'une pièce, par exemple.

Programme :

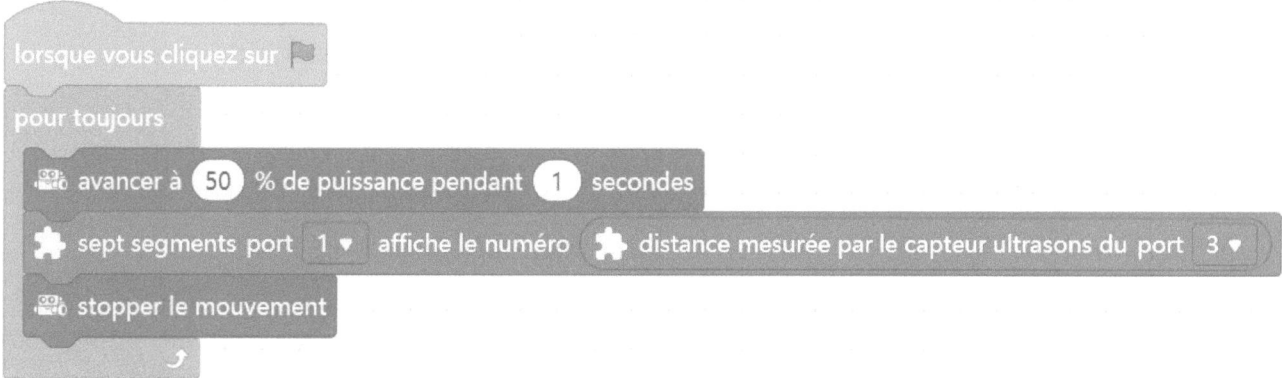

Afficheur 4 chiffres

Construire à partir des blocs ci-dessous un programme ou des programmes, permettant de mesurer et d'afficher séparément la luminosité, la température et le volume sonore ambiants. Les trois grandeurs physique doivent pouvoir être affichées, une seule à la fois, en cliquant sur un déclenchant d'évènement différent pour chacune, sans rien débrancher. Il faut naturellement bien accorder les numéros du programme et ceux du câblage des éléments sur le robot.

19- Afficheur à 7 segments : Luminosité

Programme :

Luminosité affichée : ....lux

Algorithme :

Si drapeau vert est cliqué. Répéter indéfiniment. L'afficheur 7 segments du port 1 affiche l'intensité lumineuse mesurée par le capteur de lumière embarqué.

20- Afficheur à 7 segments Température

Capteur de température

Algorithme :

Si touche espace est pressée.

Répéter indéfiniment.

L'afficheur 7 segments du port 1 affiche la température mesurée par le capteur de température du port 3.

Température affichée : ....C°

21- Afficheur à 7 segments : Volume sonore

Algorithme :

Si touche haut est pressée. Répéter indéfiniment. L'afficheur 7 segments du port 1 affiche le volume sonore mesuré par le capteur de son du port 4.

Volume sonore affiché : ……………décibels

Capteur de son

22- Accélérer les moteurs :

Le recours aux variables offre de multiples possibilités de programmation. Dans cette activité, elles permettent d'accélérer les moteurs du mBot. Attention à bien leur donner un nom évocateur.

Algorithme :

- Répéter 2 fois
- Mettre la Vitesse à 0
- Répéter jusqu'à ce que Vitesse soit égale à 200.
- Avancer à la vitesse « Vitesse »
- Attendre pendant 0.5 secondes
- Ajouter 10 à la variable Vitesse
- Arrêter

Programme :

L'accélération des moteurs peut être utile dans le cas d'une course de robots, ou encore s'il y a un passage difficile sur le parcours que le mBot doit effectuer. Il est possible de réaliser l'activité inverse en ralentissant les robots. Dans ce cas, vous partirez de 200 et ajouterez -10.

23- Effectuer un tirage au sort :

Le logiciel mBlock 5 possède une instruction capable de générer un nombre aléatoire :

Par défaut, cette instruction est préréglée sur une plage allant de 1 à 10 mais ces valeurs sont modifiables.

Le programme suivant permet de transformer me mBot en un dé qui fournit au hasard un chiffre compris entre 1 et 6 à chaque pression du bouton de la carte. Ce chiffre s'affiche sur l'afficheur 7 segments et le message sur la matrice LED 8x16.

Kit matrice 8x16 LED

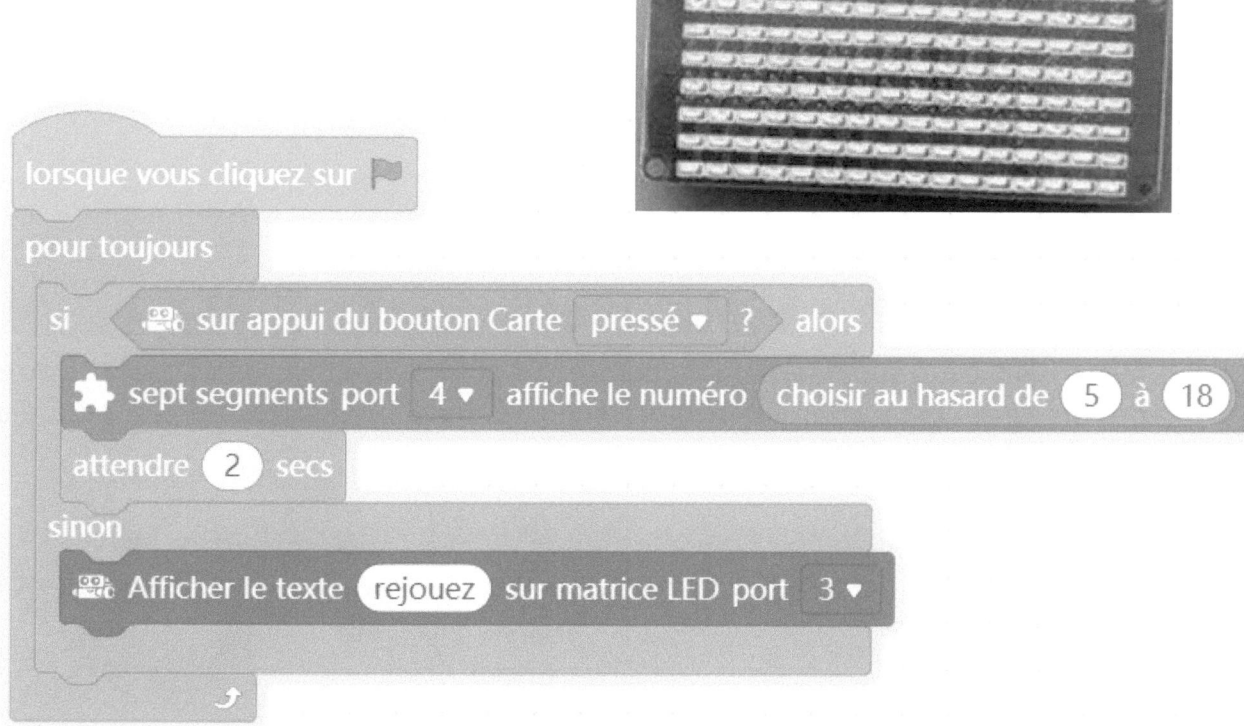

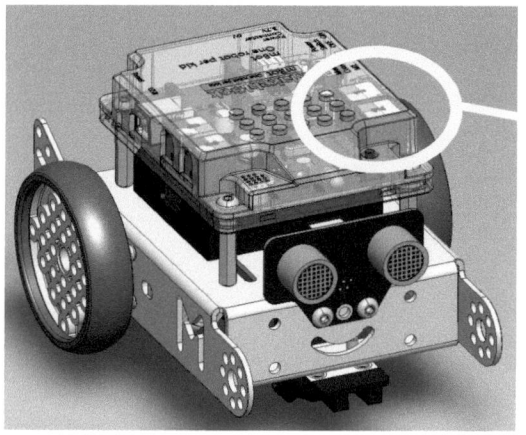
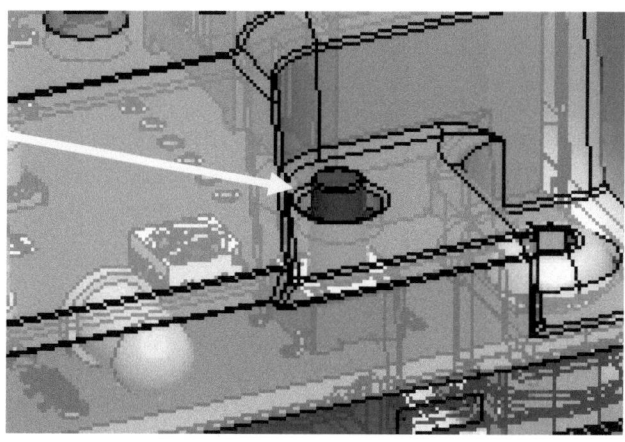

Bouton Carte

24- Afficher le taux d'humidité d'une plante :

Le mBot peut être utilisé pour surveiller le taux d'humidité d'une plante. Pour cela, vous utiliserez le capteur d'humidité, qui a une échelle de valeurs allant de 0 à 100.

A noter que sur la photo ci-contre, le capteur n'a pas été enfoncé dans la terre afin de bien distinguer les deux électrodes.

Programme :

25- Arroser une plante en fonction de son taux d'humidité :

Le mBot peut vous suppléer en cas d'absence pour surveiller l'arrosage de votre plante préférée. Pour cela, il faut utiliser le capteur d'humidité, une pompe à eau, et bien sûr disposer d'une plante.

Programme :

Capteur d'humidité

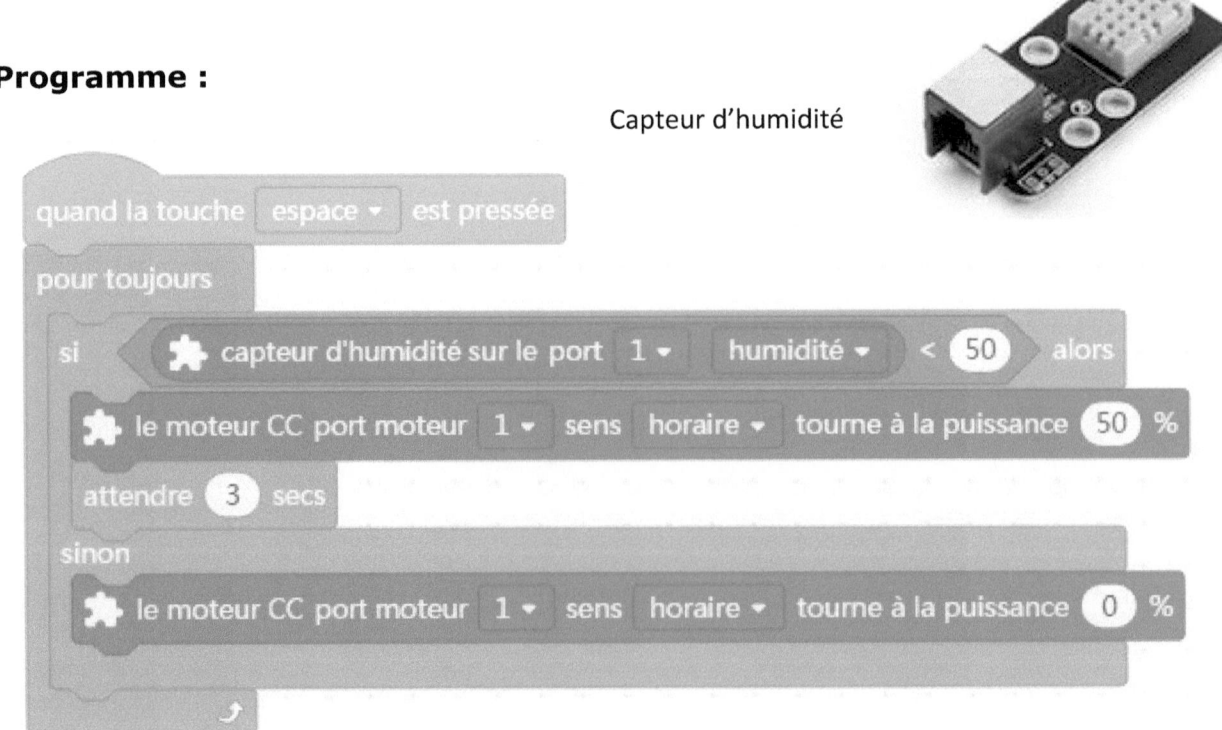

26- Monter une pente :

Monter une pente à fort pourcentage peut s'avérer délicat pour un robot. Heureusement, le mBot possède un gyroscope incorporé qui permet de mesurer l'inclinaison du robot sous différents axes. Le programme ci-dessous permet de ralentir le robot des qu'une pente assez importante est détectée. Cela évite au robot de basculer en arrière s'il va trop vite.

Programme :

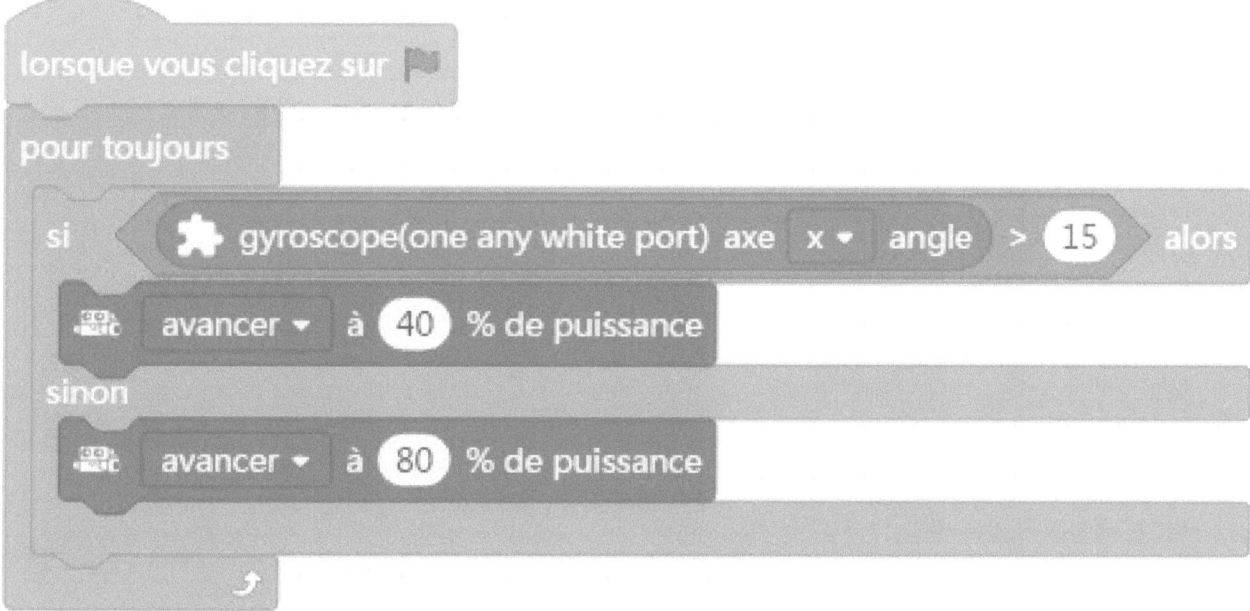

Accéléromètre axial et capteur gyroscopique

Axis accelerometer and gyro sensor

27- Manette de commande d'un robot : Joystick pour avancer

Le programme suivant permet de transformer la carte mCore en manette de jeu complète.

Algorithme :

Si drapeau est cliqué,

Si l'angle du joystick est supérieur à 10° sur l'axe X, alors le robot avance à 50% de sa puissance.

Si l'angle du joystick est inférieur à -10° sur l'axe X, alors le robot recule à 50% de sa puissance.

Si l'angle du joystick est supérieur à -10° sur l'axe Y, alors le robot tourne à droite à 50% de sa puissance.

Si l'angle du joystick est inférieur à -10° sur l'axe Y, alors le robot tourne à gauche à 50% de sa puissance.

Programme :

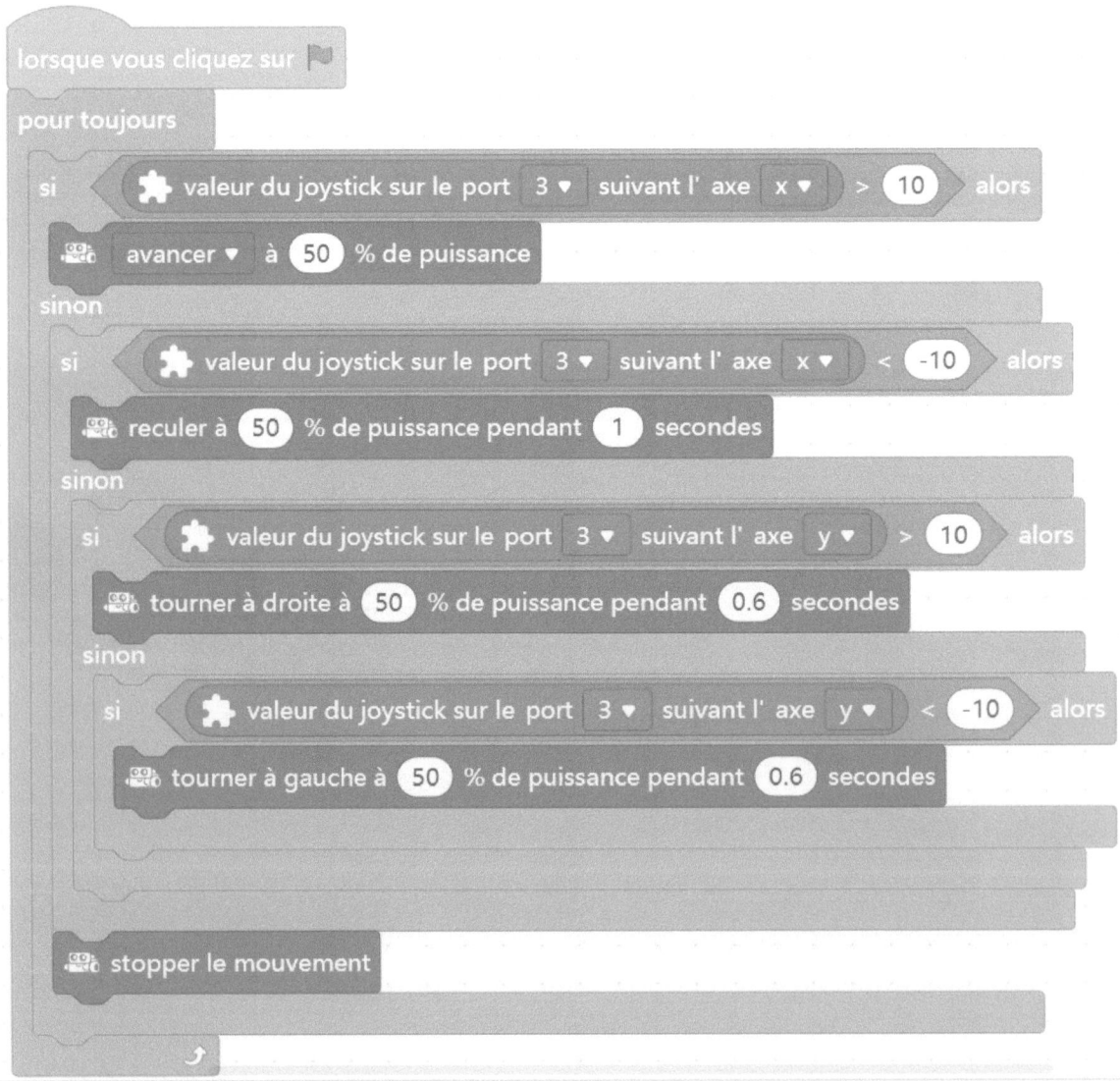

28- Joystick LED : à l'image de son utilisation classique, un joystick comme manette de jeu, il peut servir de manette de direction pour le robot, accompagné d'un changement de couleur de LED à chaque sens de mouvement. Quatre directions sont possibles. Elles correspondent à l'inclinaison par rapport à la verticale. On choisit l'angle limite déclencheur d'évènement.

Algorithme :

- Si drapeau est pressé, répéter indéfiniment.
- Si la position du joystick du port 3 est supérieure à 15° sur l'axe X alors allumer DEL rouge
- Sinon, Si la position du joystick du port 3 est supérieure à 15° (sur l'axe X dans le sens opposé) alors allumer DEL orange
- Si la position du joystick du port 3 est supérieure à 15° sur l'axe Y alors allumer DEL bleue
- ………………………………..

Programme :

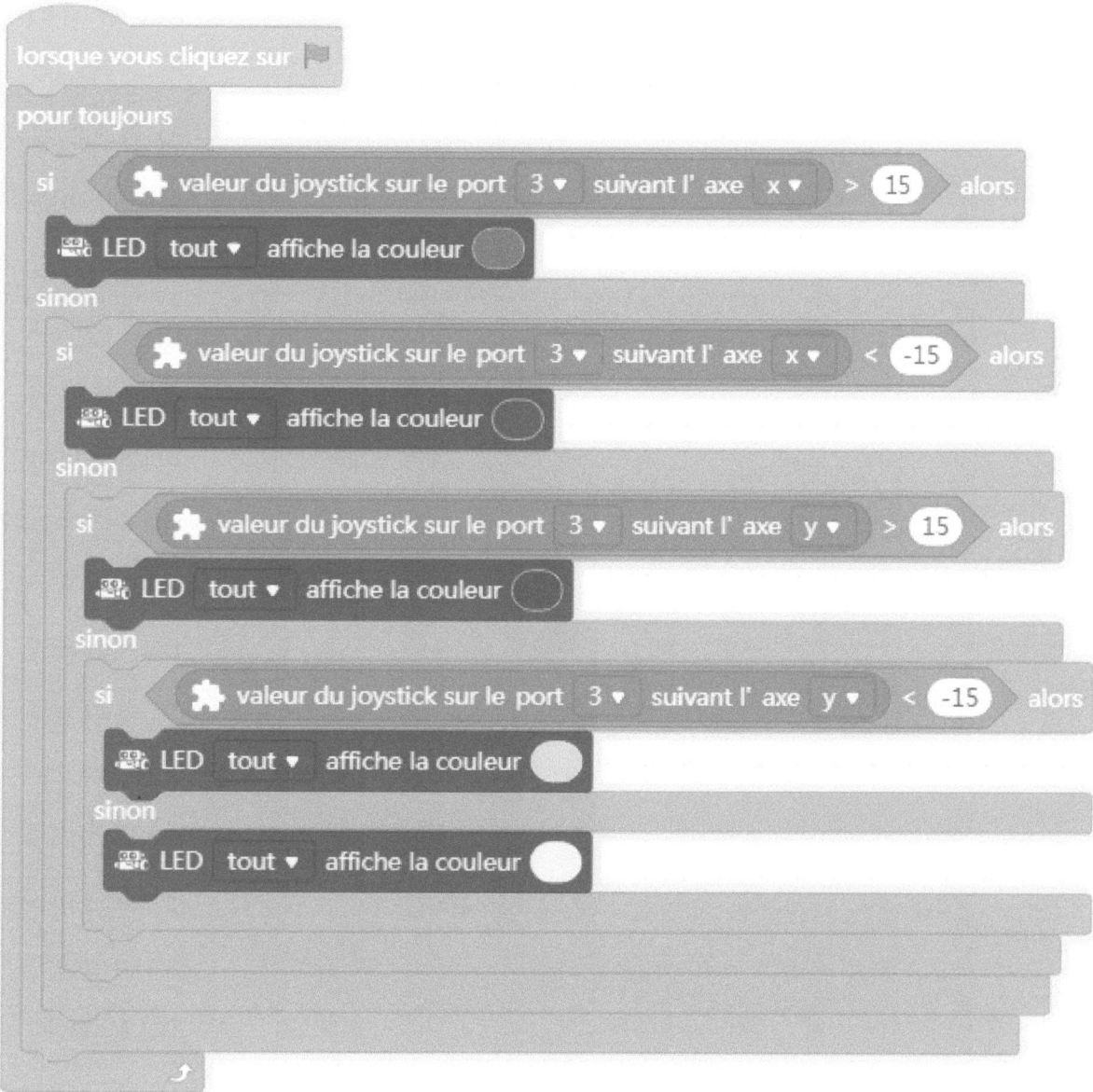

29- Ruban à LED : comment créer des jeux de lumière ?

Makeblock propose des modules « mBuild » qui permettent de créer des jeux de lumière. Voici un exemple avec une bande de DEL et un anneau de DEL.

Comme pour tous les modules mBluild, il faudra ajouter l'extension correspondante, ici Pilote LED.

Programme :

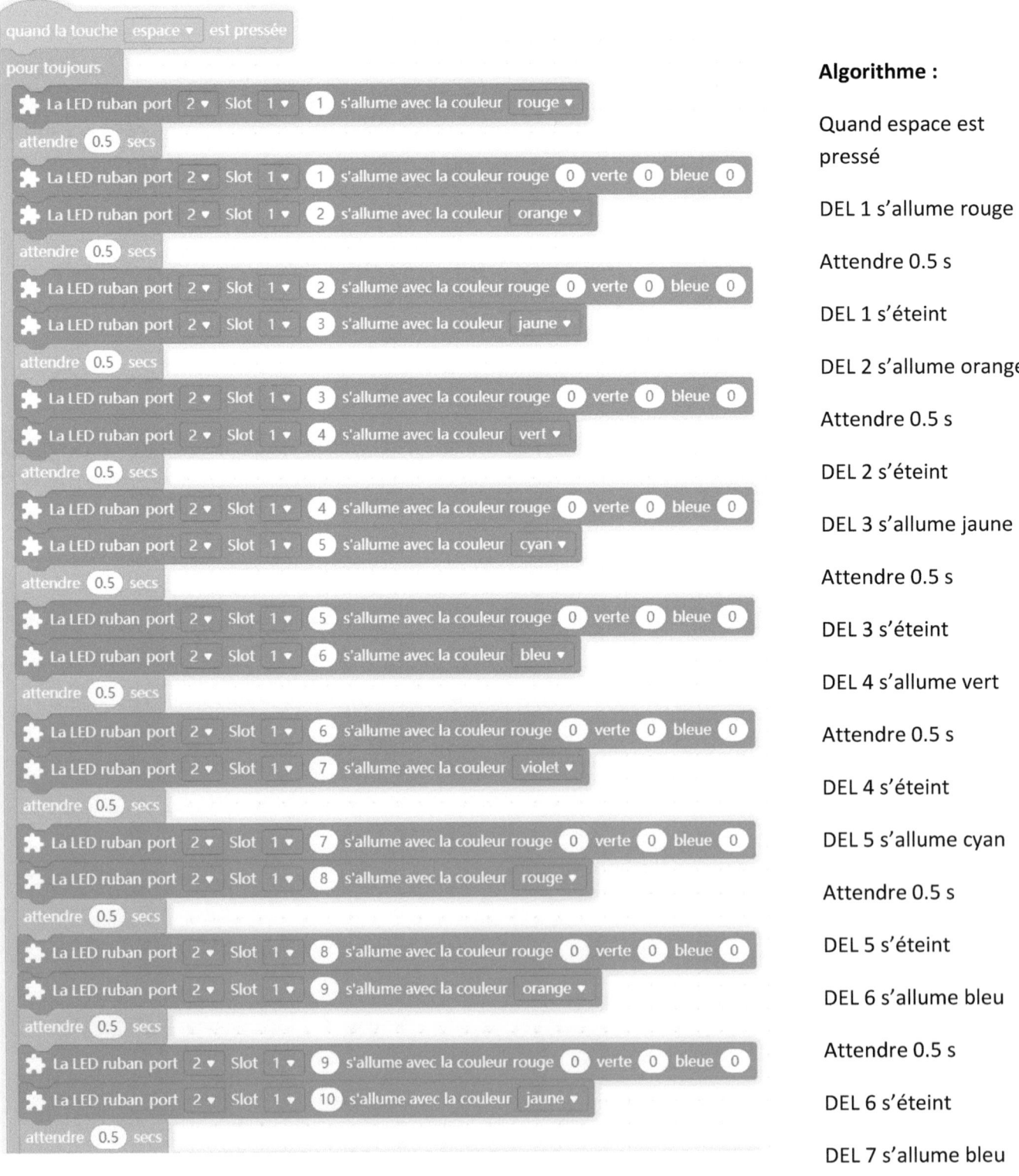

Algorithme :

Quand espace est pressé

DEL 1 s'allume rouge

Attendre 0.5 s

DEL 1 s'éteint

DEL 2 s'allume orange

Attendre 0.5 s

DEL 2 s'éteint

DEL 3 s'allume jaune

Attendre 0.5 s

DEL 3 s'éteint

DEL 4 s'allume vert

Attendre 0.5 s

DEL 4 s'éteint

DEL 5 s'allume cyan

Attendre 0.5 s

DEL 5 s'éteint

DEL 6 s'allume bleu

Attendre 0.5 s

DEL 6 s'éteint

DEL 7 s'allume bleu

….

30- Boussole LED :

En changeant de position angulaire la boussole, par rapport au nord, les LED changent de couleur.

Algorithme :

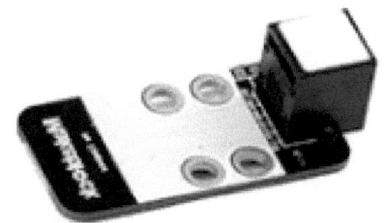

Boussole

- Lorsque le drapeau est cliqué
- Mettre la position initiale de la boussole à 0.
- La variable « Boussole » = l'anglé capté par la boussole par rapport au nord.
- Si l'angle > 80°, alors allumer LED rouge.
- Si l'angle > 40°, alors allumer LED bleu clair.
- 80° > Si l'angle > 40°, alors allumer LED jaune.

Programme :

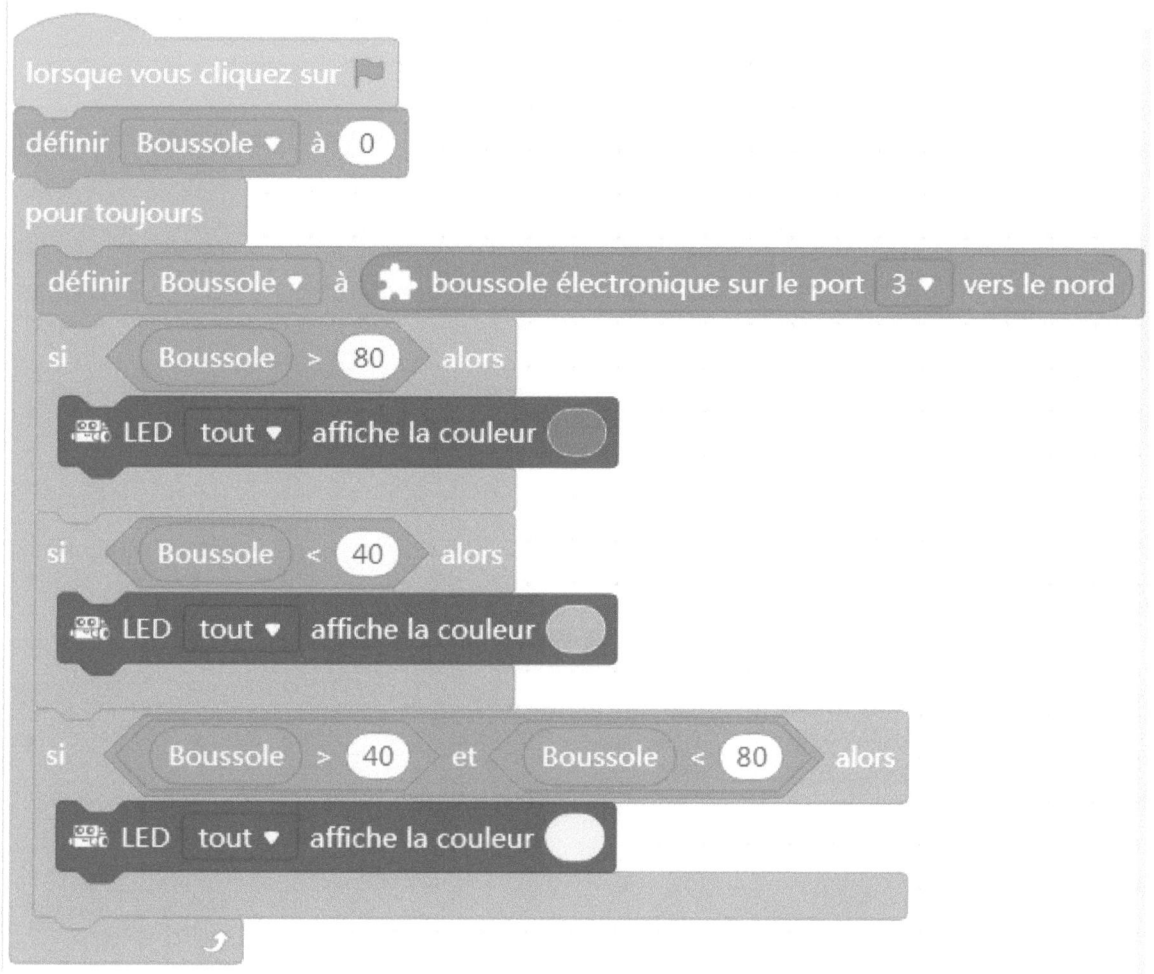

31- Accéléromètre et capteur gyroscopique à 3 axes :

Ce gyroscope et **accéléromètre mBot** s'intègre aisément au robot mobile et permet d'équiper ce dernier d'un module de détection d'obstacles efficace et précis. Il est particulièrement indiqué si vous souhaitez équiper votre robot à l'approche d'une compétition comme la RoboCup.

Algorithme :

- Quand le drapeau est cliqué
- Mettre la variable « head » à la valeur initiale 0.
- Allumer DEL rouge
- Attendre à ce que l'angle du gyroscope soit supérieur à 90°.
- Allumer LED jaune
- Afficher la valeur mesurée par le gyroscope sur l'afficheur 7 segments du port 1.

Programme :

On peut programmer de mesurer la position radiale selon trois axes, X, Y et Z.

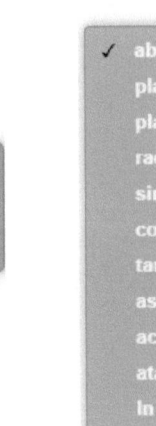

32- Potentiomètre ventilateur : le potentiomètre peut être utilisé pour faire varier les couleurs des LED sur plusieurs plages.

Potentiomètre rotatif

33- Potentiomètre LED :

Il peut servir de déclencheur d'un mini ventilateur à partir d'une certaine valeur numérique programmée. Celle-ci correspond à la résistance électrique.

Programme :

Algorithme :

Quand espace est pressé

Créer une variable « potentio » initialisée à « 0 ».

Répéter indéfiniment

Mettre « potentio » = « valeur du potentiomètre du port 3 »

Si la position angulaire du potentiomètre est supérieure à 400°, alors allumer DEL rouge

Si « potentiomètre » est entre 50 et 400, alors allumer DEL bleu

Si « potentio » est inférieure à 50 alors allumer DEL jaune.

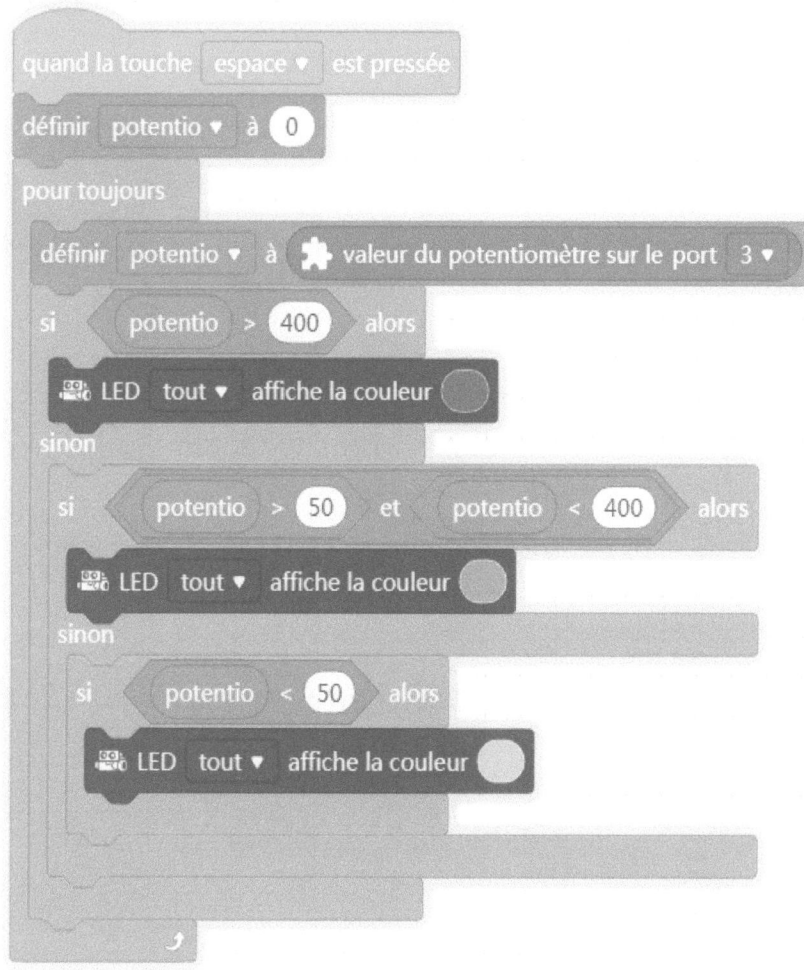

34- Détecteur de mouvement :

Dans les sanitaires, salle de douche : l'arrivée d'une personne déclenche automatiquement l'éclairage. Il s'éteint aussitôt qu'il n y a plus de mouvement. Il convient d'ajouter un délai avant l'extinction, afin que l'éclairage ne s'éteigne pas à la cessation de mouvement, immédiatement, mais un temps plus tard.

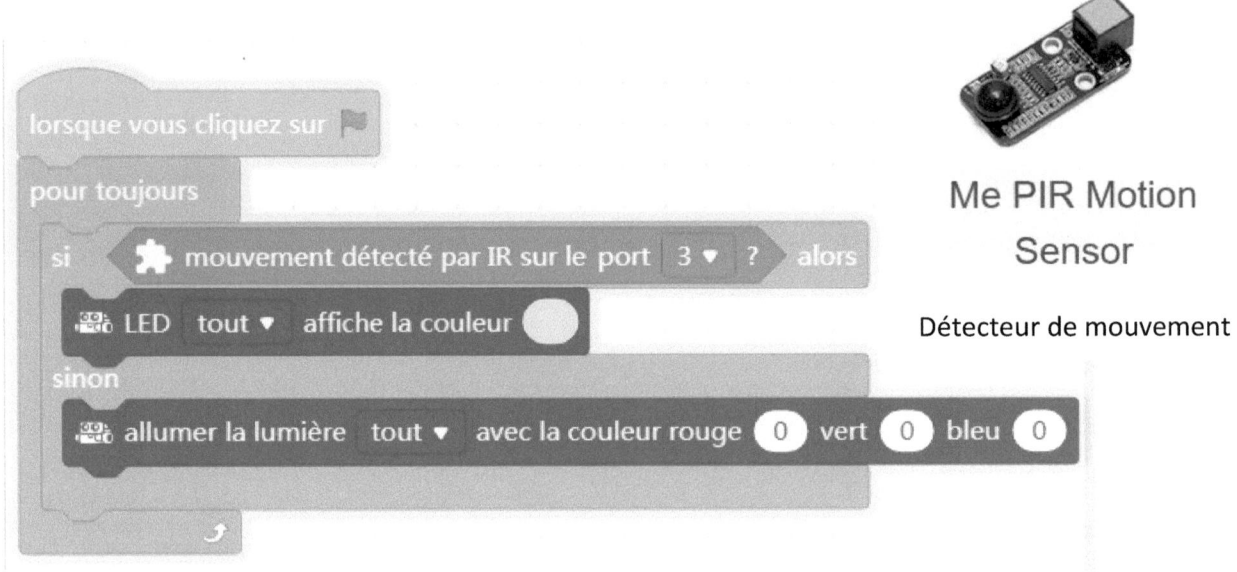

Me PIR Motion Sensor

Détecteur de mouvement

35- Capteur tactile :

Si drapeau est cliqué

Si le capteur tactile est touché de la main, alors allumer LED,

Si la main est retirée, éteindre aussitôt

Touche tactile

36- Sonomètre à couleurs :

le capteur de son mesure l'intensité sonore. Il est ici utilisé avec un ruban à DEL pour contrôler cette intensité. Ainsi le mBot permet de réguler le niveau sonore dans un groupe de personnes, par exemple. Les seuils indiqués sont modifiables en fonction de votre sensibilité au bruit

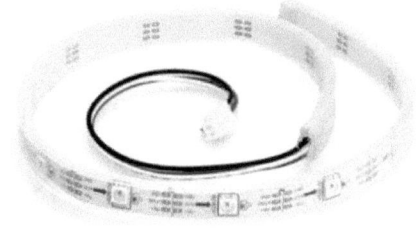

Ruban 15 LED RVB

Programme :

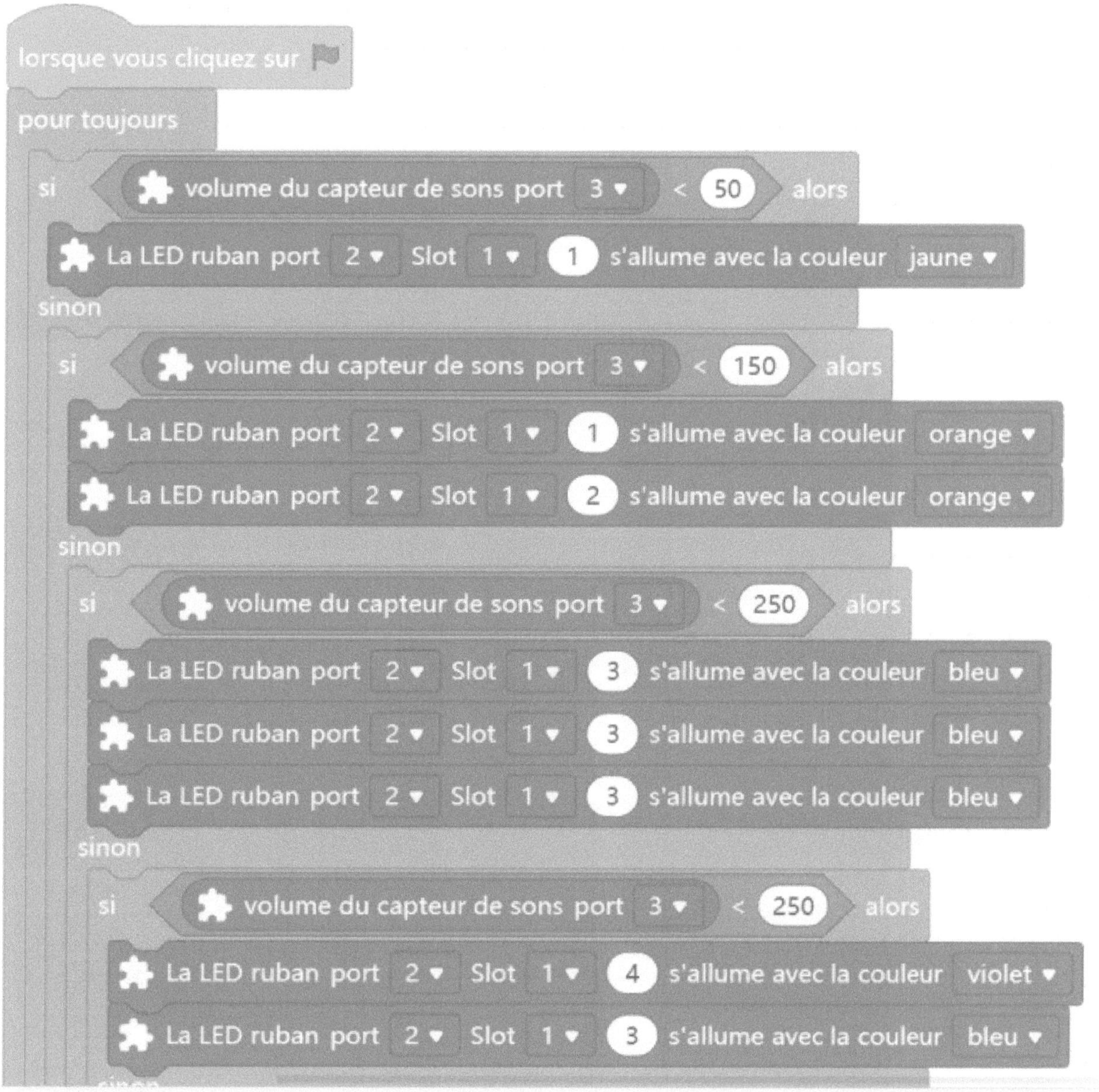

```
lorsque vous cliquez sur ⚑
pour toujours
    si  volume du capteur de sons port 3 ▼  <  50  alors
        La LED ruban port 2 ▼ Slot 1 ▼ 1 s'allume avec la couleur jaune ▼
    sinon
        si  volume du capteur de sons port 3 ▼  <  150  alors
            La LED ruban port 2 ▼ Slot 1 ▼ 1 s'allume avec la couleur orange ▼
            La LED ruban port 2 ▼ Slot 1 ▼ 2 s'allume avec la couleur orange ▼
        sinon
            si  volume du capteur de sons port 3 ▼  <  250  alors
                La LED ruban port 2 ▼ Slot 1 ▼ 3 s'allume avec la couleur bleu ▼
                La LED ruban port 2 ▼ Slot 1 ▼ 3 s'allume avec la couleur bleu ▼
                La LED ruban port 2 ▼ Slot 1 ▼ 3 s'allume avec la couleur bleu ▼
            sinon
                si  volume du capteur de sons port 3 ▼  <  250  alors
                    La LED ruban port 2 ▼ Slot 1 ▼ 4 s'allume avec la couleur violet ▼
                    La LED ruban port 2 ▼ Slot 1 ▼ 3 s'allume avec la couleur bleu ▼
```

37- Servomoteur :

Utilité : peut être utilisé pour une caméra, ou simplement pour balayer le champ de mouvement du capteur à ultrasons.

Il faut programmer le « port » de câblage sur la carte mCore, et le numéro du connectique sur l'adaptateur « emplacement » 1 ou 2.

Algorithme :

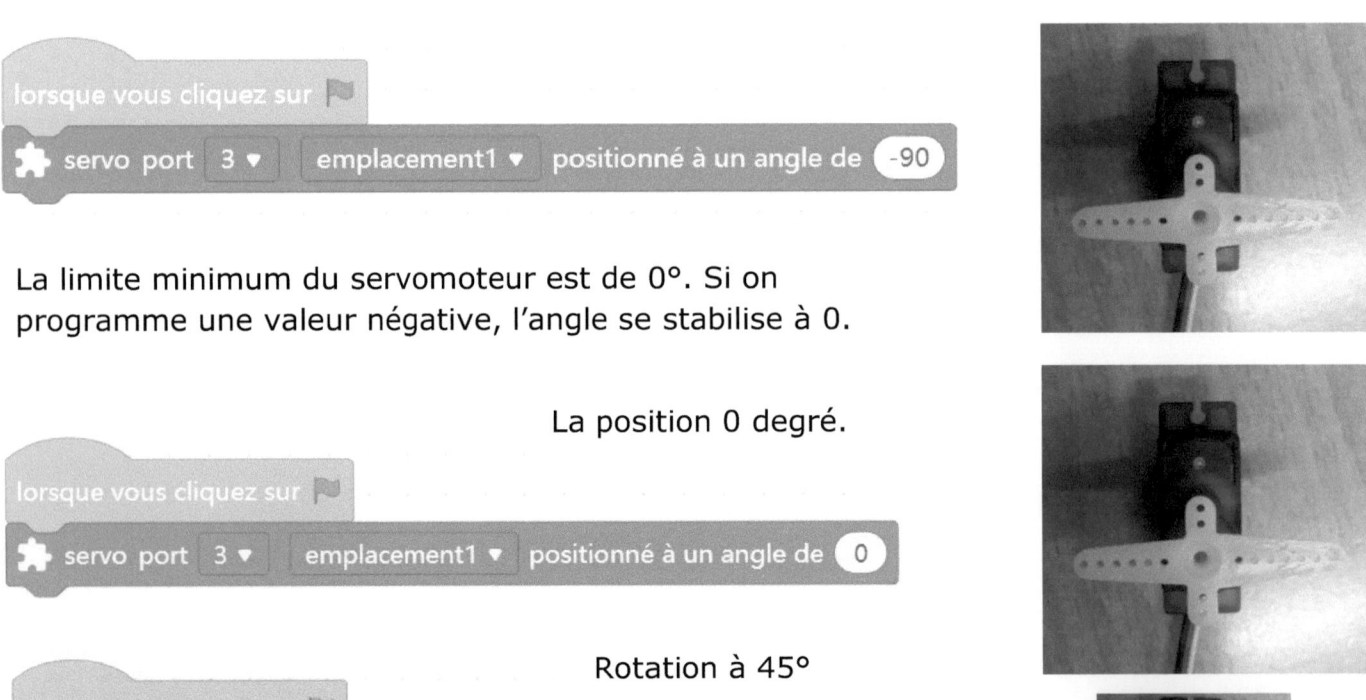

La limite minimum du servomoteur est de 0°. Si on programme une valeur négative, l'angle se stabilise à 0.

La position 0 degré.

Rotation à 45°

Rotation à 90°

```
lorsque vous cliquez sur 🏳
servo port 3 ▾  emplacement1 ▾  positionné à un angle de 90
```

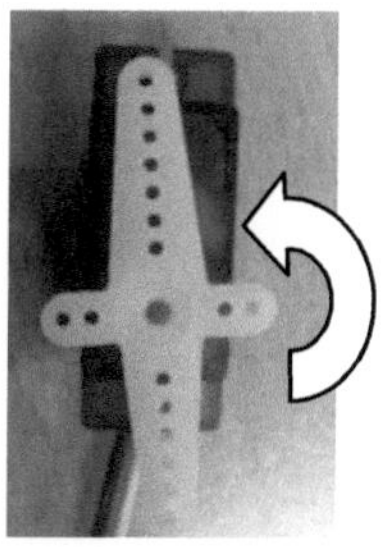

Rotation à 135°

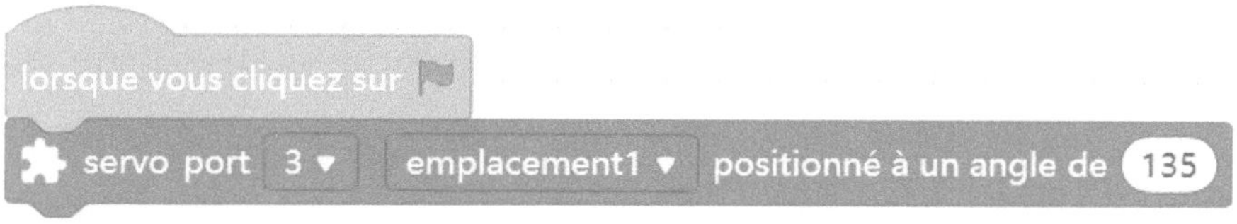

```
lorsque vous cliquez sur 🏳
servo port 3 ▾  emplacement1 ▾  positionné à un angle de 135
```

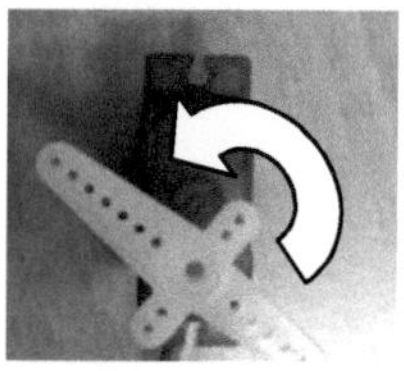

Rotation à 180°

```
lorsque vous cliquez sur 🏳
servo port 3 ▾  emplacement1 ▾  positionné à un angle de 180
```

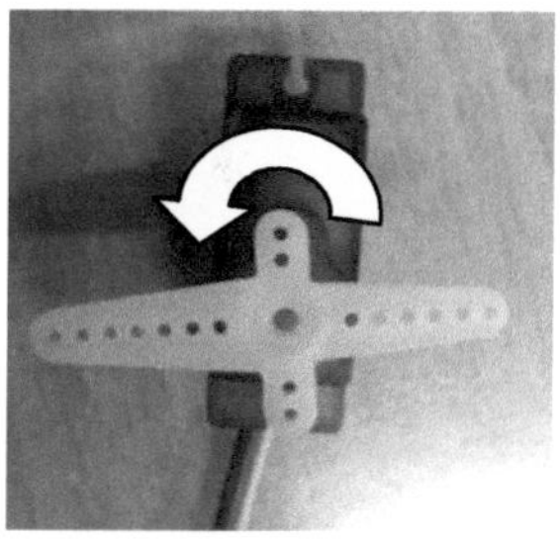

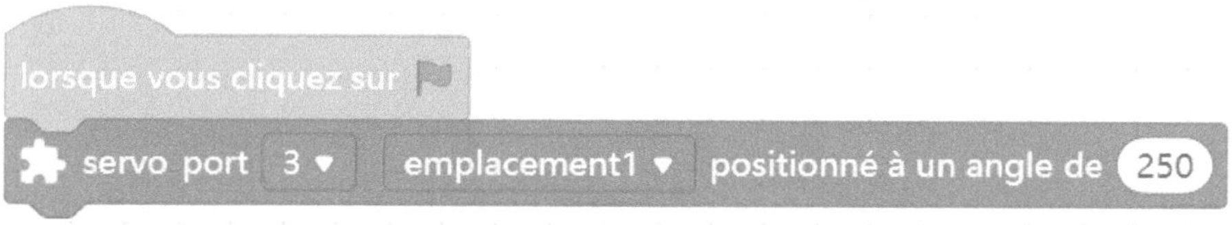

```
lorsque vous cliquez sur 🏳
servo port 3 ▾  emplacement1 ▾  positionné à un angle de 250
```

La limite maximum du servomoteur est de 180°. Si on met une valeur supérieure, l'angle se stabilise à 180°.

38- Capteur de lumière :

Capteur câblé avec afficheur 7 segments

En cliquant sur le déclencheur « drapeau vert », l'affichage donne une valeur instable de la luminosité. Il faut cliquer sur stop « 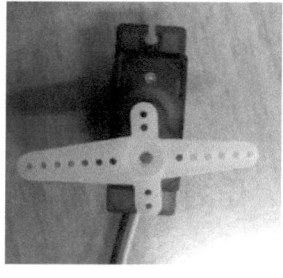 » pour stabiliser la valeur à la dernière mesurée.

65

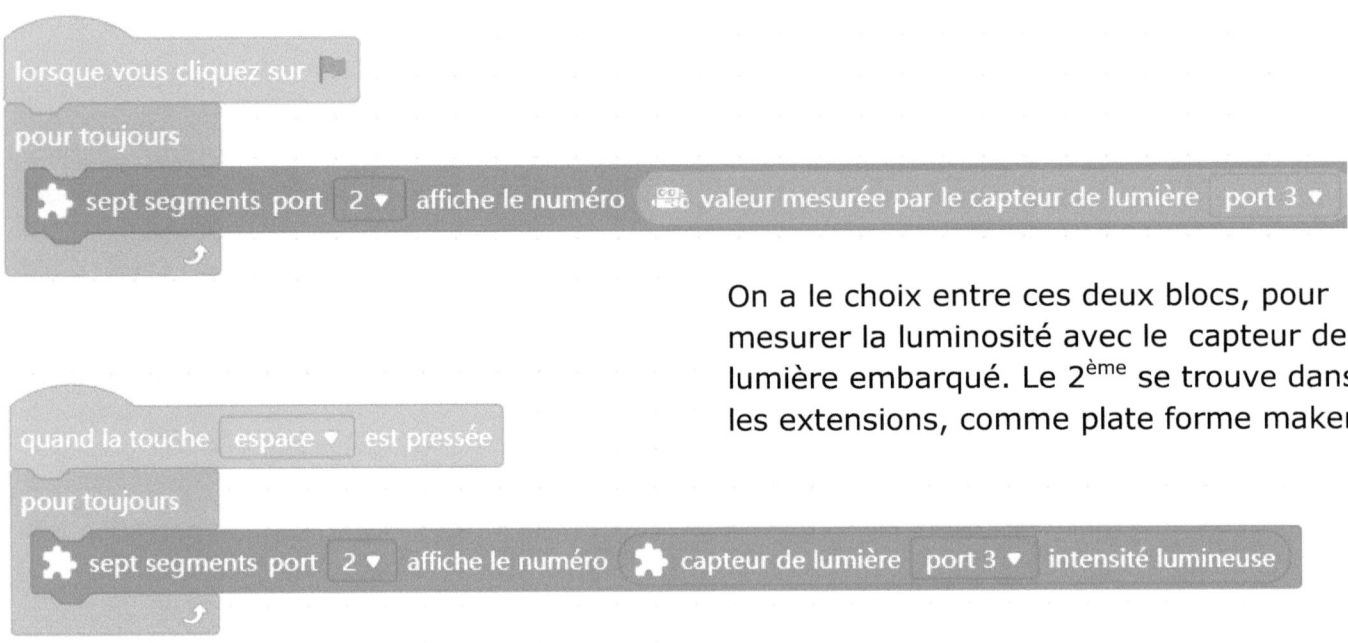

On a le choix entre ces deux blocs, pour mesurer la luminosité avec le capteur de lumière embarqué. Le 2ème se trouve dans les extensions, comme plate forme maker.

39- Affichage direct sur le bloc :

Les deux blocs sont aussi valable l'un que l'autre pour obtenir la même mesure de la luminosité. On peut les utiliser dans un programme, ou seuls pour afficher directement la valeur mesurée.

40- Utilisation des LED à la place d'un affichage :

On peut utiliser le capteur de lumière embarqué et les couleurs de LED pour indiquer la marge de valeurs dans laquelle se trouve la luminosité.

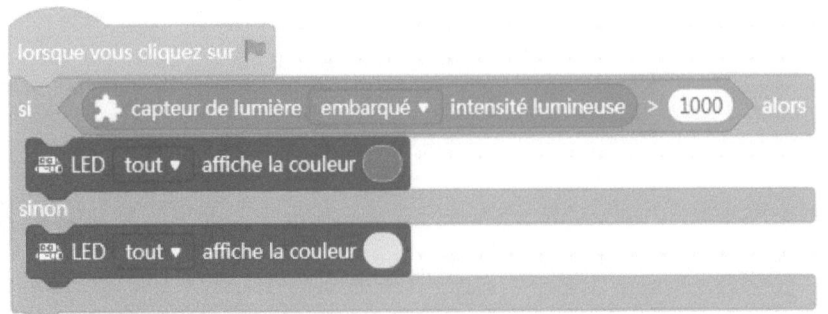
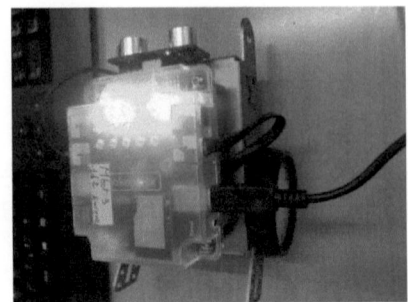

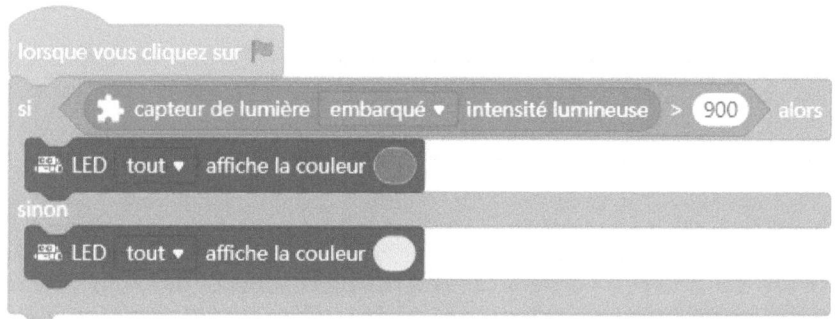
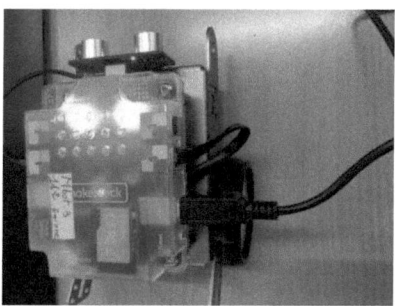

41- Pare choc : micro rupteurs

Algorithme :

- Si le drapeau est cliqué
- Si le capteur droit est pressé
- Alors tourner à gauche 45° (50% puissance 0.6S)
- Allumer LED vert
- Sinon si le capteur gauche est pressé
- Alors tourner à droite 45°
- Allumer LED bleu
- Sinon avancer et Allumer LED rouge

Programme :

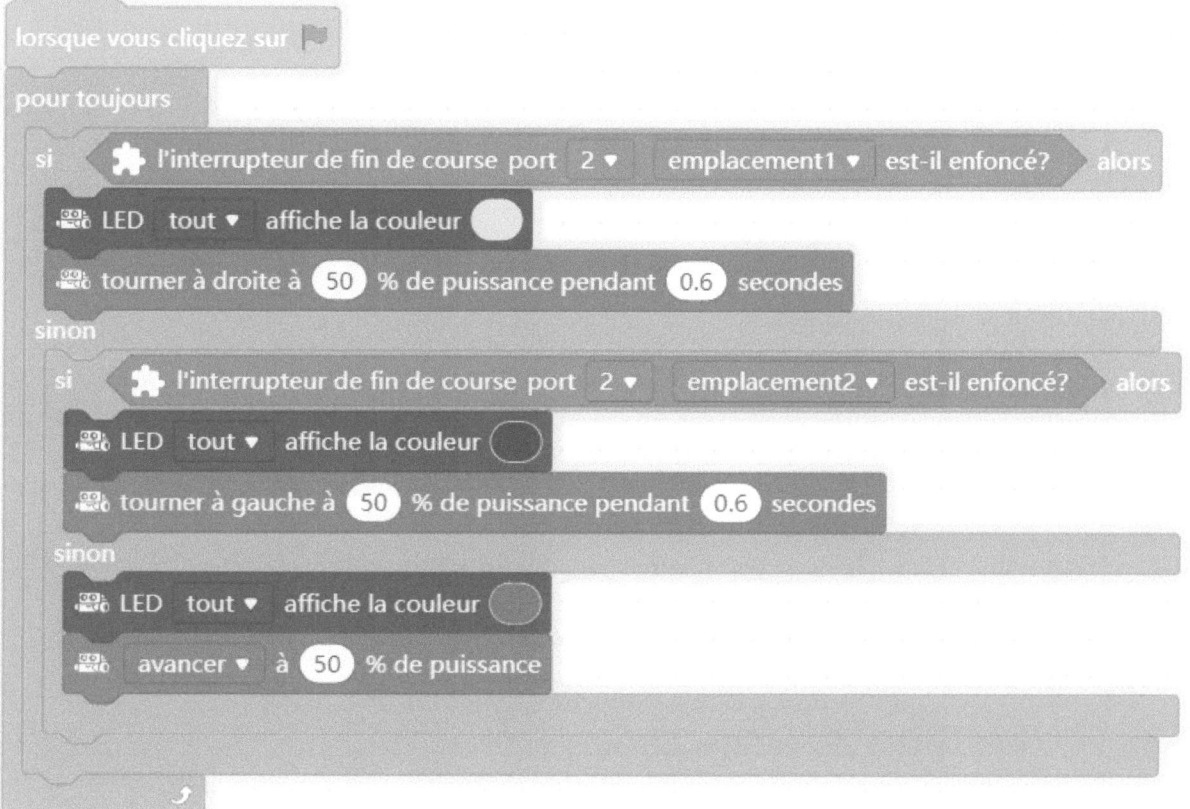

Intérêt pédagogiques du Robot mBot :

Le robot mBot est un précieux outil pour les professeurs des écoles, mais pour les professeurs de technologie et de mathématiques au collège. En effet, l'étude des programmes officiels montre que les compétences relevant des parties consacrées au numérique peuvent être entièrement acquises à l'aide deum Bot et de son logiciel mBlock5.

Par ailleurs, le diplôme national du brevet (DNB) comprend un exercice de programmation, notamment par blocs graphiques comme mBlock5, dans les épreuves de mathématiques et de technologie.

De plus, grâce à sa modularité et à sa comptabilité totale avec le contenu des programmes, le robot mBot se retrouve régulièrement dans les concours scolaires. Il offre aux élèves la possibilité de montrer ce qu'ils sont vraiment capables de réaliser, et sa facilité d'utilisation leur de le manipuler en toute autonomie.

Extraits des programmes officiels publiés au bulletin officiel le 26/11/2015

Cycle 3 (CM1, CM2, 6ème)

Technologie : les élèves découvrent l'algorithme en utilisant des logiciels d'applications visuelles et ludiques. Ils apprennent à connaître l'organisation d'un environnement numérique. Ils décrivent un système technique par ses composants et leurs relations. Ils exploitent les moyens informatiques en pratiquant le travail collaboratif. Ils sont sensibilisés à la relation sur les usages des outils numériques, leur consommation énergétique et les dangers de leur usage intensif pour la santé. Ils maitrisent et s'approprient le fonctionnement de logiciels usuels.

Cycle 4 (5ème, 4ème, 3ème)

Technologie :

En 5ème : traitement, mise au point et exécution de programmes simples avec un nombre limité de variables d'entrée et de sortie, développement de programmes avec des boucles itératives.

En 4ème : traitement, mise au point et exécution de programmes avec introduction de plusieurs variables d'entrée et de sortie.

En 3ème : introduction du comptage et de plusieurs boucles conditionnelles imbriquées, décomposition en plusieurs sous-problèmes.

Ecrire, mettre au point et exécuter un programme.

Analyser le comportement attendu d'un système réel et décomposer le problème posé en sous-problèmes, afin de structurer un programme de commande.

Ecrire, mettre au point (tester, corriger) et exécuter un programme commandant un système réel et vérifier le comportement attendu.

Ecrire un programme dans lequel les actions sont déclenchées par des évènements extérieurs.

Notions d'algorithme et de programme.

Notion de variables informatiques

Déclenchement d'une action par un évènement, séquences d'instructions, boucles, instructions conditionnelles.

Systèmes embarqués.

Forme et transmission du signal.

Capteur, actionneur, interface.

Concevoir, paramétrer, programmer des applications informatiques pour des appareils nomades. Observer et décrire le comportement d'un robot ou d'un système embarqué. En décrire les éléments de sa programmation.

Agencer un robot (capteurs, actionneurs) pour répondre à une activité et un programme donnés. Ecrire, à partir d'un cahier des charges de fonctionnement, des programmes afin de commander un système programmable de la vie courante, identifier les variables d'entrée et de sortie.

Modifier un programme existant dans un système technique, afin d'améliorer son comportement, ses performances pour mieux répondre à une problématique donnée (d'après le BOEN n°31 du 30 juillet sur ww.eduscol.education.fr © Direction générale de l'enseignement scolaire).

Les moyens employés sont des systèmes pluri-technologiques réels didactisés ou non, dont la programmation est pilotée par un ordinateur ou une tablette numérique. Ils peuvent être complétés par l'usage de modélisations numériques permettant des simulations et des modifications du comportement.

Mathématiques :

Connaissances. Notions d'algorithme et de programme. Notion de variable informatique. Déclenchement d'une action par un événement. Séquences d'instructions, boucles, instructions conditionnelles.

Compétences associées. Ecrire, mettre au point (tester, corriger) et exécuter un programme en réponse à un problème donné.

Annexe : Modules complémentaires Makeblock.

Gyrophare
(3 Axis Accelerometer and Gyro sensor)

Détecteur de flamme
(Flame sensor)

Détecteur de gaz
(Gas Sensor)

Capteur de lumière
(Light Sensor)

Capteur de son
(Sound Sensor)

Détecteur de mouvement
(PIR Motion Sensor)

Suiveur de ligne
(Line follower)

Micro rupteur
(Micro Switch)

Kit pare-chocs

4 LED RVB

Kit matrice 8x16 LED

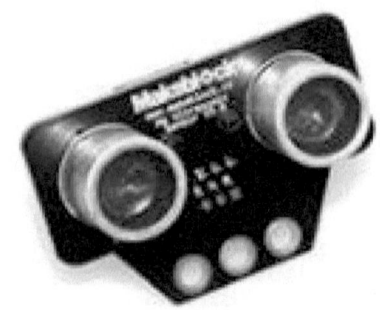

Capteur à ultrasons
(Ultrasonic Sensor)

Capteur de température
(Temperature and Humidity Sensor)

Touche tactile
(Touch Sensor)

Sonde de température
(Temperature Sensor Water proof DS18B20)

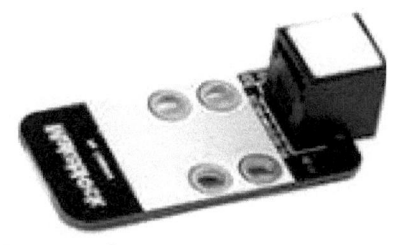
Boussole
(Compass)

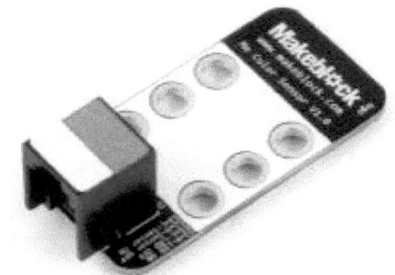
Capteur de couleur
(Color Sensor)

Lecteur audio
(Audio player)

Suiveur de ligne RGB
(Red Green Blue Line Folower)

Manette
(Joystick)

Potentiomètre rotatif

Ruban 15 LED RVB

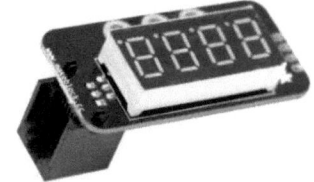
Afficheur 4 chiffres
(Display 4 digits)

Kit tourelle 1 axe

Kit mini ventilateur

Bibliographie :

Getting started with mBot de Peter Dalmaris

Notice de montage du mBot fournie dans la mallette A4 Technologie

Sitographie :

Site A4 Technologie

Site Makeblock en anglais

Ce modeste ouvrage a été élaboré essentiellement grâce à des essais avec un robot mBot 1 et les différents modules complémentaires sur un logiciel Makeblock 5 et également sur Makeblock 3. Les expériences ont permis de construire et vérifier chacun des programmes proposés.